瞬殺怪談
死地

黒木あるじ
黒　史郎
我妻俊樹
神　薫
田辺青蛙

竹書房
怪談
文庫

目次

瞬殺怪談　死地

ノック音

コン、コン、コン、コン――。健介さんは、部屋に響くノック音で目を覚ました。

枕元の時計に目をやると夜中の三時半。こんな時間に玄関を叩く迷惑な奴がいる。

男子学生ばかりのマンションで、週に一度は誰かの部屋で酒盛りするほど仲が良い。どうせ酒の切れた奴が、ビールか焼酎を拝借しに来ただけだろう。

そう思って再び布団を被ったのだが、コン、コン、コンと扉を叩く音がやまない。

仕方ないので起き上がると、健介さんは玄関の扉を開けた。だが、外には誰もいない。

すると、「おい、こっちだよ！」と廊下から男の声がするので、そのまま一歩廊下へ足を踏み出そうとして、健介さんはふと気になった。

あれ、玄関って、部屋の右側にあったっけ？

途端に、冷たい風が顔へ吹きつけて我に返った。

外に面した窓を開け放ち、身を乗り出して五階から飛び降りる寸前の自分に気づく。

すると、部屋の奥の暗がりから、「惜しい！」という声や、ケタケタという含み笑いなど、たくさんの声が聞こえてきた。考えればこのマンションに、仲良しなど一人もいない。

引っ越しを決めるまで、こんな具合に騙(だま)されて、三回も飛び降りそうになったという。

いまも

「若いころ、山で狐に化かされたことがある。さすがにこっちも馬鹿じゃないから、ちゃんと途中で正気に戻ったがね。ま、人間サマのほうが獣より賢いのは当然だ」

そう言って老人は自慢げに微笑み(ほほえ)み、どう見ても泥団子としか思えないかたまりを美味そうに頬張(ほおば)った。

問いかけ

「まだ、なにかがあったわけではないのですが……」

毎日利用している駅のホームで、たまに「危ない人」を見かけるという。

その人はよく、黄色いラインの外側を大きな荷物を持って泥酔者のようにフラフラと歩いている。その人を見ていると、気が付くと自分もつられて、ふらふらと揺れている。

たまに大きくグラリと線路側に傾くことがあって、（危ないっ）と心の中で叫ぶと、その人は視界から消える。ホームから転落したのではなく、姿がパッと消えるのである。

気がつくと自分はホームの端に立っていて、駅員に注意をされるのだそうだ。

そういうことが、一度や二度でないという。

もし、その人がホームから転落するところまでを見てしまったら、

「どうなると思います？」

深夜

「いや、参ったよ」とタナカは云った。

先日の夜中、十台のタクシーに乗車拒否されたのだという。

一時間ほどが過ぎ、ようやく停まってくれた運転手が「誰も停まらなかったでしょ」と笑った。

「ええ」

「だってお客さん、血まみれの女が載っかってんだもん。無理だよ、無理」

その日、救急で運び込まれた患者のことだった――彼女は手当ての甲斐なく亡くなった。

「私は昔っから、よく見る方だから平気」

運転手はそう云うと車を出した。

年寄りの冷や水

カオリさんは夕食の買い物でスーパーに来ていた。買い物かごに野菜や肉や卵を入れて、レジに向かおうとすると誰かに足をつかまれた。白髪を長く伸ばしたおじいさんが、床から上半身だけを出して、カオリさんの足をつかんでいた。ふがふがと何か言おうとしていたが、聞き取れないまま消えた。

あれから五年の間に、おじいさんは八回出た。何をかごに入れるとおじいさんが出るのか、いろいろ組み合わせて試してみたが、五年経った今も法則がわからない。

おじいさんが何を言おうとしているのかも、聞き取れたことは一度もないそうだ。

月

〈りょうちゃん。つきがおおきくてすごくきれいだから、いますぐみてごらん〉

母親からのメールが携帯に届き、あわてて庭に出て見上げてみると、白目をむいた、死人のような顔の母の首が夜空に浮かんでいた。

そんな怖ろしい記憶が亮太さんにはあるらしい。

彼が子供用の携帯電話を与えられたのは小六のときで、この記憶はもっと古い、たぶん就学前のものだ。だからきっと怖い夢か空想を、現実の記憶と混同しているのだろう。そう思って今まで誰にも話したことがなかった。

一年以上前に亡くなった母親の遺品を最近やっと整理し始めたところ、見覚えのないガラケーが出てきた。充電したら起動できたので、中を見るとデータはほぼ空だったが、未送信メールが一通だけ残っている。開いてみて亮太さんは愕然とした。

〈りょうちゃん。つきがおおきくてすごくきれいだから、いますぐみてごらん〉

記憶にあるメールそのものだった。文面はそれだけで、件名も宛先も書かれていなかったが、保存日時は母親が脳出血で急逝する二日前だったそうだ。

ありふれたもの

三年前、佐野さんは職場で事故に遭い、頭部を損傷してしまった。

命に別状は無かったのだが、視野に異常が生じた。具体的に言うと、他の人には見えないものが見えてしまうのである。

人の背後、あるいは病院内の薄暗い場所にそれはいる。特定の形を持たない何かだ。陽炎（かげろう）の如く揺らめくものもいれば、墨のように真っ黒なものもいる。何故、そういった違いが生じるかは分からないが、陽炎の方が力が強いように感じたという。

二週間が経ち、退院した佐野さんは愕然とした。

それらは病院だけでなく、町のあちこちにいたのだ。その後、通院治療の甲斐があり、奇跡的に視野が復活し始めた。それにつれて、陽炎も墨も見えなくなってしまった。

だが、それで一安心とはならなかった。今は見えなくなってしまったが、消えたわけではない。陽炎も墨も、そこら中にいるのは間違いない。そのことがたまらなく怖い。

ただ、幸いというべきなのか、後遺症が残った。

時折、激しく眼が痛むのだが、その間だけは見えるのである。

それらの姿を見ると、怖いよりも寧（むし）ろ安心できるという。

まるやけ

親戚が集まると必ず話題になるS君は子供の頃、言葉の発達がとても遅く、四歳を過ぎても喃語(なんご)すら発しなかったので、周りの人は大層心配していた。

そんなS君が小学校に上がる少し前、親戚の集まりの場で急に言葉を発した。

「ボクは、まるやけになって、しぬ」

家族が知る限り、それは意味のある初めてS君が発した言葉だった。

周りの人は当然狼狽(うろた)えた。

「なんでそんなこと言うんや、縁起でもない」

「どうしたの、S君急に⁉」

「丸焼けで死ぬ言うたんか？　怖い夢でも見たんか？」

S君は色々と言う大人たちの前で再びこう言った。

「ボクは、まるやけになって、しぬ」

そして、もう少しすると、こう付け加えた。

「これは決まってるねん」

その日、大人がどうしてそんなことを言うのか何度聞いてもS君は答えず、そしてまた再び殆ど言葉を発しない日々が続いた。

ただ、そんなS君も環境が変わったからか、小学校に上がると他の子と変わらないくらいに話すようになったらしい。

そして、大人になったS君は職場で知り合った女性と結婚して婿養子となった。

「円谷家(まるやけ)披露宴」の場で親戚はS君の初めて発した言葉のエピソードを紹介し、きっとこの結婚は運命で、丸焼けではなく円谷家の一員として人生を全うして亡くなるという予言だったのだろうと、話していた。

消える

ある女性から、次のような体験談をメールでいただいた。

彼女の実家の近所には、古い稲荷(いなり)神社がある。

小さな頃から、近くを通るたびに手を合わせて願い事をしていた。足が速くなりますように。好きな男の子と仲良くなれますように――。子どもの頃なので他愛もない願い事ではあるが、不思議とそれらは実現することが多かったという。

高校生の時、些細なことで父親と口論になった。家を飛び出した彼女は神社へ行き、「お父さんが酷(ひど)い目に遭いますように」と祈った。本気で願ったわけではない。反抗期の勢いのようなものだった。しかし翌日、父親は交通事故に遭い全治三か月の大怪我を負った。

それ以来、彼女はその神社を気味悪く思っていた。

そして彼女が二十歳の時、久しぶりにその神社の傍を歩くことがあった。昔と変わらない神社の姿を見ていると懐かしくなり、彼女は手を合わせた。

「あなたの元へ、お嫁に行きます」

なぜかそんなことを呟いてしまったという。今でもどうしてそんなことを言ったのかわからない。気がつくと口が勝手に動いていた。

それ以来、彼女の恋愛運は大きく下がり、男性と交際してもことごとく上手くいかなくなった。それから十五年――。彼女の顔は二十歳の頃と比べて奇妙に変化している。肌艶が良くなり、鼻筋がすらりと美しく伸びた。一重だった目が二重になり、友人には整形したのではないかと疑われるほどだ。しかし、相変わらず良縁には恵まれず独身のままである。周りの人から「綺麗になったね」と言われることが増えたが、それがもし、あの神社の前で「お嫁に行きます」と言ってしまったことが原因だとしたら……。そう考えると、妙な恐怖感に襲われるという。

そんな話を、彼女は私にメールで送ってくれた。不思議な話である。もしかすると彼女は稲荷神社に見染められてしまったのかも知れない。そんな感想をメールで返信しようとしていた時、立て続けに彼女からメールが届いた。

さっきメールで送った話、やっぱり忘れてください。
そちらへ送信したメールが、私のメールアプリから次々に消えてゆくんです。
ごめんなさい。

加減

菅さんの祖父の洋さんが、若い頃に働いていた酒屋で得意の客から聞いた話だという。

その客の知り合いにTという男がいて、彼は《雇い主の土地に埋もれる金属片を拾い集める》という変わった仕事をしていた。拾える金属は針金や錆びかけの釘など屑（くず）が殆どだが、真鍮（しんちゅう）や銅線なども見つかる。ちゃんと給金も出るし、拾った金属を近くの工場へ持っていくと、小銭に替えてもらえた。その工場の社長にTは可愛がってもらっていたので、相場より高く引き取ってもらえた。しかし、社長が亡くなってからはケチな息子が工場を継いだので、買取額もただ同然になってしまった。

ある日、換金してもらおうと工場へ行くと、死んだはずの前社長が窓から工場の中を覗いている後ろ姿があった。おもわず声をかけそうになったが、止めた。

首から下が、いやに黒いのだ。ちゃんと焼いてもらえていないのかな、とTは心配になった。何せケチな跡取り息子である。金額で焼き加減が変わるかは知らないが、前社長はずいぶん中途半端な焼き方をされたに違いない。あるいは、生焼けの姿で戻ってくるような、辛く悲しい理由があるのだと思い、その日は換金をしてもらわずに帰った。

間もなく、その工場は潰れ、社長の息子は借金苦から首を吊ったという。

ふりかけご飯

旦那が亡くなってから、ボケちゃったお義母さんの介護がどんどん辛くなって。

ある日悪戯心が働いて、台所にたくさん落ちてる死んだ小蠅を、ふりかけだよ、と言って、お義母さんの白飯の上に、パラパラかけてやったんです。

そしたら、美味しいって、口から涎を垂らしながら、ヘラヘラ笑って食べるんですよ。

すっかり気分がよくなったので、それからはお義母さんが亡くなるまで、毎日毎日、お手製のふりかけご飯にしてあげたんです。

だけど、私もバチが当たったのかなあ。お義母さんが亡くなって以来、一緒にご飯を食べている人が、私のご飯の上に、虫やゴミを載せるようになったんですよ。

お義母さんの恨みなんですかねえ……浅子さんはそう話すと、溜め息をついた。

喫茶店で話を聞いた私が「さすがに、思い込みか偶然では?」と半信半疑で問うと、

「だったら、あなたが手に持ってるソレ、何ですか」と浅子さんがうんざりした声を出す。

ハッとして手元を見ると、ちぎったストローの紙屑を指につまみ、浅子さんが頼んだスパゲッティの上へかざしていた。

八年前、新潟市内某所で行った取材の思い出である。

いらないひ

その朝、キッチンの壁にかかっている日めくりカレンダーを剥がしたら、まるまる一週間ぶん落丁していたんですよ。「へえ、こういうものも印刷ミスってあるんだ」と、妙なことに感心していたんですけど——それから一時間後に駅前の十字路で高齢者の軽自動車に撥ねられまして。病院に運ばれましたが、ずっと昏睡状態だったそうで。ようやく意識が戻ったのは七日後。まるまる一週間眠っていました。

ええ、だからあのカレンダー、正しかったんだと思います。

宇宙人

佳津子さんは四半世紀前のとあるパーティーを今でも思い出すことがある。

くわしい経緯は忘れたが、主催者のことをよく知らないまま顔を出したそのパーティーには知り合いがほとんどおらず、隅の方でカクテルを飲んでぼんやりしていたらすごくスタイルのいい男の子たちに声をかけられた。三人ともモデルみたいな体型だし中性的な雰囲気もよく似ている。なんだか人間離れしてるなと思っていると「ぼくたち宇宙人なんですよ」と一人が言った。「信用してないでしょ？」ともう一人が言い、「証拠見せましょうか？」三人目が言う。佳津子さんがうなずくと三人は中空に輪をつくるように手をかざした。すると何もない空間に人の顔が見えた。

「おねえさん、この人のこと知ってるでしょう？」

そう言われたが佳津子さんはまるで知らない顔だった。だから正直に答えると男の子たちはがっかりした様子でなんだか場が白け、そのうちどこかへ行ってしまった。

そのときは「不思議な手品を見せてもらったな」と思っただけだが、数日後に起きた猟奇殺人事件で報道された容疑者の男の映像を見て驚いてしまった。

男の子たちが見せてくれたあの顔だったのだ。

アラームの正体

その晩イサオさんは、焼鳥とハイボールで上機嫌なまま、駅への帰り道を歩いていた。前から、スーツもサングラスも黒ずくめの、若い男たちが歩いてきた。十人ほどの集団で、全員すらりと背が高く、ほっそりと痩せている。

手には高級食パンの紙袋を持っていた。

「なんだこいつら胡散臭いな、とは思ったんですが、じろじろ見るのも変だし、何事もなくやり過ごそうと思いました」

すれ違おうとした瞬間、彼らの紙袋から一斉に、スマホのアラームのような音がした。

「地震速報かなと思って、つい足が止まりました。ええ、ちょうどこのあたりでしたよ」

道端でイサオさんはそう言うと、私がすすめた缶コーヒーを開けて、一口すすった。

「全員、紙袋に手を入れて、中で鳴っているものを取り出したんです」

紙袋の中に入っていたのは、生きたモルモットだった。

小さな生き物たちは、ぷいぷいと緊急速報のような声で鳴いていたが、すぐにおさまり、また紙袋の中へ戻された。

「あの男たちは、何事もなかったように表情ひとつ変えないで、あっちへ向かって歩いていきましたよ」

イサオさんが指さす先には、元はラブホテルだったらしき廃屋があるだけだった。

塀には、スプレーで書いたらしい乱れた文字で「○○研究所」と落書きされていたが、○○の部分はどうしても読めなかった。

夜光る

仕事帰りの真奈さんが夜道を歩いていると、前方に揺れる小さな明かりが見えた。

「私から二十メートルほど前にいる歩行者の腰のあたりが、白く光っていたんです」

様子からしてライトではなさそうだ。光の正体が気になって、真奈さんが早足で距離を詰めると、若い女性のリュックに反射板が付いているのが見えた。

反射板は夏みかんくらいのサイズで、眠る赤ん坊の顔写真がプリントされていた。リアルなプリントだなあと思って見ていると、反射板の赤ん坊が口を開いて〈ふわあ〉と大あくびをした。そのまま赤ん坊の顔写真はリュックから剥がれた。

生首だけの光る赤ん坊はクラゲのように宙を漂い、こちらにゆらゆらと近づいてくる。

赤ん坊の大きく開いた口が、真奈さんの胸に食らいつこうとした、そのとき。

「えっ、反射板じゃない？　ってびっくりして硬直してたら、私と赤ん坊の間を自転車がサッと通り抜けていって」

赤ん坊の首は、自転車をこぐ女性の背中にひらりと貼り付いて、柔らかな光を瞬かせながら遠ざかっていった。

心当たり

美佳さんはこの夏、母を亡くした。

今際の際に母は、こんなことを言い出した。

「ほんとに貧しかった。あなたを産めるような生活じゃなかったの。堕ろそうと決めた途端、お腹から声が聞こえた」

お願い、助けてお母さん。殺さないで。

女の子の声で、何度も言われたそうだ。

それは、美佳さんが子供の頃から繰り返し見る夢と同じであった。

夢の中で母から殺されそうになる。その瞬間、美佳さんは声をあげる。

ただ、その内容が違っている。

「あんたはまた殺す気か。何度、堕ろしたら気が済むの！」

それを聞かされた母は、弱々しい笑顔で言った。

「なんだ、バレてたのね」

指紋

Kさんは寝る前に眼鏡を外し、ケースに仕舞ってから眠る。

そして朝になると、ケースを開けて眼鏡を取り出す。

時々、眼鏡のレンズに指紋がべったりと付いていることがあるそうだ。

しかもそれは、自分のどの指よりも幅が広く、縦も長いサイズだという。

寝る前にはレンズを眼鏡拭きで綺麗にする習慣があるから、どうしてそんなものが付いているのか分からない。

それ以外、Kさんの家の中では異変はなく、ただ見知らぬ何かの指紋がレンズに付いている日は、午後から雨の日が多いのだそうだ。

紙袋

村井がその女を見たのは、京都で大学生をしていた頃だ。

深夜、アルバイト帰りに住宅街の道を歩いていると、道路の端に誰かが立っている。それは、ある家の玄関を見つめる女だった。ワンピースを着ている。わりと今風なスタイルの服装。買い物帰りだろうか、片手にはデパートの紙袋のようなものを持っている。しかし、それはくしゃくしゃに潰され、汚れていた。

「何してんだ、この人……」

外灯の明かりの下で、村井はその横顔を見た。

真っ赤な口が大きく横に裂けている。口角が頬を貫くように上がっており、耳の高さまで口があった。両目は異様に離れていて、顔の側面――こめかみの近くに眼が付いている。爬虫類の顔のようだ。眼球は魚の目のように白い。

「俺、本当に見たんです」

村井は今でも、たまにその顔を思い出すという。

落ちてくる

戦後の目まぐるしい変遷により地図から消されてしまった、とある中部地方の一村でのことである。

その村には中央部に六十町歩の共有林があり、そこでは杉材を産出していた。

喜太郎さんが朝早くに林のなかへ入ると、空からよく物が落ちてきた。十から十五メートル先の林の中に決まってそれは落ちるのだが、落下中はそれがなにかもわからない。確かめに行ってみると、それらしいものは落ちていない。そういうことがよくあった。

今時、キツネやタヌキに化かされることもなかろう。いちいち構っていたらキリがないと、ある時から気にしないように努めた。そんなある日、空から落ちてきたものが、明らかに「人の形」をしていた。それがどうも自分の娘に似ている気がしたので、さすがに無視はできず、落下地点に向かって駆けていった。

しかし、やはりなにも見つからないのである。

帰って娘に話してやろうと思ったが、それどころではなくなった。

娘が流産していたからである。

鍵

　酔っ払って終電を逃してしまい適当な宿を探すがどこも満室で困り果てた時、ようやく普段は使ってない部屋なら泊まれるというので飛び込んだ。

　部屋に入ると妙に暑苦しかったのと、かび臭かったので天窓を細めに開けた。その時、手が滑って鍵をベランダに落としてしまった。サッシは、はめ殺しで開かず鍵はそこにあるのに取れなかった。

　寝ていると何か呻(うめ)く声がする。見ると真横で子どもの首を絞めている男がいた。小学低学年ほどの男の子は既に死んでいるのか目を頭蓋から吐き出しそうに飛び出させ、馬乗りになった男が首を絞めるのに合わせて、ぐらぐらとただ揺れている。揺れながら目はこちらに向けていた。

「やめろ!」と声をあげた瞬間、後ろから肩を掴まれ女の声で「いいじゃん」と云われ気を失った。翌日、電話で鍵をベランダに落としたと申告すると気の毒そうな顔をした従業員が訪れ、サッシを開けると鍵を手渡しながら大丈夫でしたかと云った。よく見ると鍵札の裏に奇妙な鬼の絵が描かれた〈お札〉がセロテープで念入りに貼ってあった。

実家の冷蔵庫

朋代さんは、実家の冷蔵庫を開けたくない。

冷蔵庫の扉を引く度に、鉄臭い、血の香りがフワッと漂ってくる。

中には、恐怖に顔を引き攣らせた、男の生首が詰められている。

そういう時は、目を固く閉じて、深呼吸をしてから、またゆっくりと目を開ける。

すると、血の匂いも生首も消えて、お茶や食材の詰まった本来の姿に戻る。

母親はいつも、あのろくでなしは、何も言わずに家を出ていった、と言う。

でも朋代さんは、父親はもう生きていないだろう、と思う。

そしてそのことは、母親自身が一番良くわかっているだろう、とも思っている。

うそつき

去年の暮れに、区民センターで変なオバさんにいきなり話しかけられたんです。

「霊感が強いと本当に困っちゃうわよ。あたしね、人に憑いているモノがわかるの。冴えてるときなんか、コロナウイルスも肉眼で見えちゃうんだから」

こちらにお構いなしでベラベラ喋ってるんですけど——浮かんでいるんですよね。オバさんの背後に〈真っ黒い腸(はらわた)〉みたいなかたまりが。

眼が有ったので、もともとは人間だったんじゃないかと思うんですが——どれだけ怨めばあんな姿になるのってビックリしました。

ええ、そうです。わたし本当に視えるんですよ。

だからオバさんの「霊感が強いと本当に困る」って発言には賛成できます。はい。

おかあさん

夫にリビングの掃除を任せて、生後半年の息子と散歩していた。
見知らぬ女とすれ違いざま、いきなりベビーカーにしがみついて「かえして」と叫ぶ。
女の顔を見ると、息子にそっくりだった。
まだ「ママ」と言ったこともない息子が、はっきりした声で「おかあさん」と言った。

うるさい

美紀さんたちは三姉妹で一軒家を借りていた。長女の美紀さんの部屋が一階、次女と三女の部屋が二階だったが、夜中に二階の足音がうるさいと美紀さんが文句を言った。

美紀さんの部屋の真上は次女の部屋だ。だが次女は夜遅く歩き回ったりしていないし、ラグマットを敷いてスリッパは脱いでいるから、足音がするはずがないと反論する。

じゃあ三女の部屋の音かという話になったが、三女は寝るのが早く、美紀さんが足音を聞いたという時刻にはもうベッドに入っている。

美紀さんはどちらかの妹が嘘をついていると思った。そこでまず次女の部屋に一緒に行くと、ラグマットはたしかに敷かれているが床の半分ほどしかない。

「ここを歩いてるんじゃないの？　ほらけっこう響くよ？」

そう言いながらフローリングが剥き出しの部分を美紀さんがドタドタと足音を強調しながら歩き回ってみせた。すると、

「うるさい！　静かに歩いて！」

階下からそう叫び声が聞こえたので三姉妹は顔面蒼白になった。

聞こえたのは美紀さんの声だったのだ。

水死体の思い出

幸一さんは十歳の頃、近所の川で水死体が揚がったので皆と見に行ったことがある。

川から引き揚げられて間もない女性の水死体は、顔を隠されてブルーシートに横たわっていた。ノースリーブの黒いワンピースから、血の気のない白い手足が伸びている。

死体の手足には、痣（あざ）のような模様が幾つも浮き上がっていた。

「チーズに生える青カビみたいな模様で、人間は死ぬとあんな痣が出るのかなと思った」

野次馬を掻き分けて警察が現場に臨場したとき、死体の皮膚の上で痣が蠢（うごめ）き始めた。

痣だと思っていた物が、ぬるりと皮膚から躍り出る。

黝（あおぐろ）い不定形のそれは、思いがけぬ速さで川へ這って行き、音もなく水中に没した。

「痣が抜け出したら、遺体の手足は綺麗に真っ白になった。そいつが憑いてたせいで、女の人が溺れ死んだんじゃないかという気がして、皆に話したんだが……」

ところが、死体を見物していた仲間たちとは話がかみ合わなかった。遺体の手足に纏（まと）わりつく痣のような物を目撃したのは、仲間内で幸一さんのみだったのだ。

水死体に絡んでいた痣は、死神のような存在なのだろうと幸一さんは信じている。

厚着

谷口さんが、愛娘の亜由美ちゃんを失ってから二年になる。
突然死だったが、祖母は自分のせいだと泣いて詫びた。
その日は水道管が凍りつくほどの寒さであった。
祖母は部屋を暖かくし、普段よりも厚着させた。
すべては大切な孫を思ってのことである。
発見された時、亜由美ちゃんは信じられないほど熱かったという。
原因がそれとは限らないのだが、祖母は自分を責めた。
責めて責めて責め抜いて、今年の春先に自殺を図った。
そして祖母は、死んでからも自分を責め続けている。
骨壷は触れないぐらいに熱くなり、納骨の際もまだ温もりを保っていた。
二年経った今でも墓石は、真冬でもほんのりと温かい。
ちなみに、仏壇に位牌（いはい）はない。何度換えても焦げてしまうからだ。

釣り

大阪の岸和田市に住むHさんから聞いた話。

夏に、知り合いと一緒に和歌山の加太に釣りに行ったんですよ。

堤防から狙ってね、朝から粘ってたんですが、その日はまったく釣れなかったですね。

夕方近くになって、知り合いの竿がぐうっとしなって、おっ、これは坊主は回避かなっと思ってたんですが、釣り針の先にかかっていたのは魚やなくってお雛(ひな)様の首やったんです。

近くに淡島(あわしま)神社があって、三月三日になったら船に乗せて人形流しの供養とかされてるから、それが針に引っかかったんかなあって言いながら、髪がほつれてえらいことなってるお雛様の首を外そうとしたんです。

そうしたら、お雛様の口の端がくっと上がって、にたりと笑って見えたんです。

怖くなって釣り竿ごとその場に残して走って逃げました。

しばらくしてから、竿が惜しくなって堤防に戻ったんですけど、盗まれたんか、もうその場に竿は無かったんです。

今思ったらあの時、お盆の時期やったから、釣りとか殺生は避けとけっていう警告やったんかなあ。

父の葬儀

それは、親族だけの小さな葬儀だったという。

斎場には、二十人ほどの親族が集まっていた。会場の隅に、男の子が立っている。年齢は七、八歳。遠縁の親戚の子だろうか。とても仕立ての良いスーツを着ている。男の子は、椅子に座らず、じっとそこに佇んでいた。

「どうしたの？」とMさんが尋ねると、男の子は祭壇に飾られた父の遺影を指差し、「この人を見送りに来たんです」と答えた。

葬儀が終わる頃には、いつの間にかその男の子は、いなくなっていた。

親族全員に訊いたが、誰もそんな男の子は知らないという。

爛れ

静岡県内の某有名ホテルでのこと。

田県さんの胸には若い頃に入れた彫り物がある。それゆえ大浴場は利用せず、その日は客室にあるユニットバスで浴した。

さっぱりして風呂から出ると、顔が急にヒリヒリと痛み出す。ムヒを塗ったような刺激である。

とくに目の下から頬にかけて強く痛むので、そっと手で触れてみると触れた部分の皮膚がヌルッと下がった。顔の皮膚がべろりと剥(は)がれ、生ハムのようなものが指にへたりとはりつく。

(なんだよこりゃあ……)と洗面台の鏡を見ると、自分の顔がひどい有様だった。

紫がかった皮膚はあちこちが裂け、その破れ目からピンク色の濡れた肌が見えて斑(まだら)になっている。焼け爛(ただ)れたような顔だった。

これは夢かと鏡の中をじっと睨みつけていると、客室の外から非常ベルの音が聞こえてきた。すぐに浴衣を羽織って、貴重品を掴むと客室を飛び出した。

するとベルの音はピタリと止み、廊下はシンと静まり返った。

しばらく立ち尽くしていると、他の客室の客がスマホを見ながら通り過ぎていった。

首を傾げながら部屋に戻って鏡を見ると、焼け爛れた顔は元に戻っており、指にはりついていた生ハムも消えている。

キツネにつままれたような心持ちであったが、生きていればこういう体験もするだろうと、その後も田県さんは平然とその客室に泊まっていたという。

商人宿

古い話だが、昔は今のビジネスホテルの代わりに商人宿という民宿のような木賃宿があった。室井さんが薬の行商をしていた時の事。ある商人宿に泊まると二階に案内された。二階はひと部屋しかなかったが特段珍しい事ではないので寛(くつろ)いでいると襖(ふすま)を細めに開けて覗く者が居る。この家の子供だなと思い「なに?」と云うとパッと逃げる。あまりに度々なので文句を云おうとするが目の前で子どもが親に厳しく叱られるのは気の毒に思え、放っておいた。〈覗き見〉は、その後も続いた。

たまに〈イルイル〉とも聞こえた。

照明の加減か部屋の中が赤っぽい。

翌朝、宿を出ると五つ六つの少女が後を付いてきた。

「覗いていたのはおまえだろ」と云うとコクリと頷いた。

「なぜだ?」と問うと。

あの部屋では半年前に首吊りがあって、お客が泊まると浮いてるのが見えると笑った。

きまり

オレね、学生時代に遊園地でバイトしてたんだよ。

仕事は、クマの着ぐるみで子供に風船を配るだけ。着ぐるみの内部が生ぐさいのと真夏のサウナ状態をのぞけば楽だったけど――ちょっと変な規則があってさ。

《倉庫へ着ぐるみを戻すときは、胴体と頭を四メートル以上離しておくこと》

最初のうちは守ってたんだけど、だんだん面倒くさくなってね。あるとき「どうせ明日も着るのはオレだし」と思って、胴体の上に頭部を乗せっぱなしで帰ったのよ。

そしたら翌朝、いつもどおり倉庫へ行くと――着ぐるみから声がするんだわ。

「あ、これが理由か」と納得して、それからはきっちり離すようにしたってわけ。

バイトは一年も経たず辞めたからその後は知らないけど、あの着ぐるみ、いったいなんだったんだろうなあ。

（誰かがこっそり着ぐるみに入ってイタズラしたのでは――と訊ねる私に）

ないない。そんなことあるわけないんだよ。だって――着ぐるみから聞こえたの、何人もの男女が笑う声だったんだから。

おかえりなさい

真夜中に、一人暮らしの部屋で寝ていると、鍵をかけてある玄関がバタンと閉まる音がする。

おかえり、と必ず言う。

ただ、それだけである。

それ以上の異変が起こったことは、一度もない。

言わなかったらどうなるのか、確かめる勇気はない。

カミサマこわい

倫子さんの娘は四歳くらいからなぜか神社をひどく怖がるようになった。

初めての土地でも、目立つ鳥居などなくても近辺に神社があると誰よりも先に気づき「カミサマこわい」と泣きべそをかいて道を引き返そうとする。

どうやら神社の近くに来ると何百匹もの犬が激しく吠え立てるような声が聞こえ、それが「カミサマの怒っている声」だと思っているらしい。

もちろん倫子さんにはそんな声などまったく聞こえないのだ。

電話女

敦さんは友人のU氏と二人で心霊スポットに行くことにした。

U氏が車を出し、敦さんはネットで調べた廃墟の住所をカーナビ代わりのスマホに登録した。二人とも土地勘のない場所だったが、ナビのおかげでスムーズに到着できた。

目的地で車を降りた途端、大音量で着信音が鳴った。U氏の携帯電話だ。

U氏が応答すると、携帯からキンキンと甲高い女性の声が漏れ聞こえてきた。

『お兄ちゃん、やっちゃった。すぐに来て！　場所は●●市で、○○町のぉー』

「妹が事故った！　俺は通話中だから、お前のスマホで現場までナビをたのむ！」

再び車に乗り込む二人。

敦さんは早速、スマホのマップアプリにU氏から聞いた住所を打ち込んでいった。

だが、何かが変だった。スマホの画面にマップアプリのルート検索が出ない。

それもそのはず、U氏から伝えられたのは出発時にカーナビに入力した、この心霊スポットの住所に違いなかった。

「おい、どういうことだよ！　お前、どこにいるんだよ！」

U氏が叫ぶと同時に、『キャハハハハ！』とヒステリックな笑い声がして通話は切れた。

リダイヤルしようとするU氏だったが、「あれ、あれっ」と戸惑っている。妹に電話したいのだが、番号がわからないと言う。

「履歴見ても、着信自体がない。かかってきたのに、ないんだよ！」

携帯画面を撫でるU氏の手が、小刻みに震え始めた。

『キャハハハハハハハハ！』

通話は切ったはずが、先刻聞こえたのと同じ女の高笑いが車内に谺（こだま）した。

敦さんはペーパードライバーで、免許を取得してからかなりブランクがあったのだが、震えの止まらぬU氏に運転させるわけにもいかなかった。

ガクガク震えるU氏と運転を交代し、なんとか敦さんは廃墟から離脱した。

U氏の自宅に着いた敦さんはガレージに車を停めた。当初は自宅まで車で送ってもらう予定だったが、U氏は動揺がおさまらず、タクシーを呼んでくれるというので敦さんは玄関先で待つことにした。

「そういえば、妹さんの事故は大丈夫なのか？」

敦さんが尋ねると、U氏は目を見開いた。

「うちに着いてから気づいたんだが、俺、ひとりっ子だった。いないんだよ、妹なんて」

なぜ廃墟では妹がいると思い込んだのか、自分がわからないと言ってU氏は震えていた。

小さきもの

藤堂さんが体験したこと。

八月のある日、藤堂さんは電車待ちの列に並んでいた。どうやら少し遅れているらしい。

スマートフォンで暇を潰すのにも飽き、なんとなく前の人を見つめた。

若い男だ。

Tシャツにハーフパンツというラフな格好である。青いサマーニット帽がなんとも涼しげに見える。

夏に帽子って、暑くないのかな。そんなことを考えながら、ぼんやり眺めていると妙なことが起こった。

突然、何かが隆起したように、ニット帽の天辺がググっと持ち上がったのである。

それほど大きくは無いが、結構な違和感はあるはずだ。

だが、男は何ひとつ反応しない。帽子の中の何かは、もぞもぞと動き出した。

ということは生き物だろうか。電車が到着し、列が進み出す。男も動き回る何かと共に乗車した。

気になった藤堂さんは、男の真向かいに座った。発車して五分ほど経過。

帽子の中の何かが、縁に向かって降りてきた。
あと五センチ、三センチ……。
それはニット帽の縁を少しだけ持ち上げ、直ぐに引っ込んだ。
一瞬だけ、小さな手が見えた。指が五本揃った人間の手である。
男が二つ目の駅で下車していく寸前まで、その何かは動き続けていた。
あれは何だったんだろうと考えていた藤堂さんは、次の瞬間、声をあげそうになった。
あの男が座っていた隣の女性の髪の毛に、小さな裸の男が潜り込もうとしている。
声をかけそびれている間に、女性は降りていった。

絵馬

絵馬に書かれた願い事を読むのを趣味にしている浜田さん。

特に、不倫関係の望みが書かれている絵馬を読むのが好きでたまらないということで、縁切りで有名な神社に行くことが多いのだそうだ。

○○と××が死に別れますように。悪女の○○がこの世と別れますように。○○が死ぬよりもつらい目に遭いますように。□□と△△が地獄に早く行ってくれますように。

様々な男女の名前と、別れを願う切実な望みが書かれた絵馬を読み、その背景にある関係に思いをはせていると、とんとんと肩を見知らぬ人に叩かれた。

「あなた血塗（ちまみ）れですが大丈夫ですか？」

えっ？　と浜田さんが応えて自分のシャツを見ると、ぐっしょりと紅に染まっていた。

吃驚（びっくり）して、近くのトイレに駆け込み、トイレの鏡で自分の姿を確認すると、顔も血に染まり、まるで頭か顔を切りつけられたような姿だった。しかし痛みはない。

日曜日だったが、休日診療をやっている病院をスマートフォンで探し出し、そこに行った。

医師は浜田さんを診察すると、こう言った。「ヤマビルですね。ヒルジンって物質をヤマビルが分泌するんで痛みは感じないし、血が止まらなくなるんです。皮膚の下に口が潜り込んでいますね、ちょっと処置しておきましょう。山にでも行かれたんですか？」

「いえ、街中の神社にいただけです」

「街中で遭遇するのは珍しいなあ。木の下か茂みに入ったりしましたか？」

「いいえ、絵馬堂にいただけです」

医師は変だなあと言いたげに首をかしげた。

そして、ヤマビルは病院で全部取って貰った筈なのに、それから時々Hさんは急に血塗れになることがあるそうだ。その度に病院に行くのだが、ヒルはくっついておらず見つかりもしないのだという。しかも、血塗れになった後、血を洗い流すと決まって猛烈な痒みに襲われるのだそうだ。

絵馬を面白がって娯楽として読んでいた罰が当たったのではないかと、浜田さんは思っている。

プールサイド

ミカさんが、彼氏と伊豆へドライブに出掛けた時のこと。

道の先に廃墟のホテルが見えた。夕陽に照らされたその姿は、忘れられた記憶の断片が集積した芸術のようであり、二人は興味を惹かれた。

「ちょっと寄ってみようよ。入れる所まででいいから」

廃墟の近くに車を停めて、二人は敷地へと足を踏み入れた。建物の前にはプールの跡地が広がっている。当然、水は張られていない。乾いた風が吹いていた。プールサイドのタイルは所々剥がれており、瓦礫が散乱している。二人がその場所を横切り、建物に入ろうとした時。その音は、背後から聞こえてきた。

——ヒタ、ヒタ、ヒタ……。

濡れた足音。もしかしたら管理者がいたのだろうか。見つかると面倒だ。

「すいません。すぐに出て行きますから」

振り返ると、誰もいなかった。

プールサイドには、おびただしい数の黒い足跡が付いていた。

ほっかむり

冬子さんは若くして母を亡くしている。

その母にまつわるもので、ずっと探しているものがあるのだという。


日本海側のUという海苔の養殖で知られる町へ、両親が新婚旅行に行った時のこと。夫婦ともに神社仏閣が好きなので巡っていると、立派な構えの神社を見つけた。門前には狛犬が二体あり、母はそこで一枚、父に撮って貰ったのだという。

帰ってフィルムを現像すると、狛犬のそばで撮った写真に妙なものが写っていた。向かって右側の狛犬に母は寄り添うように立って笑みを作っており、もう一方の狛犬の横には、灰色の服に薄水色のズボンをはいた、ほっかむりの女性が屈んでいる。寄進者が刻まれる狛犬の台座にキスをするみたいに顔を突き出している。

この時は夫妻以外、門前には誰もいなかったのだという。

目深にかぶるほっかむりの奥には、石でできたお地蔵様の顔があったそうだ。

この写真は家のどこかに絶対にあるというので、なんとか見つけ出したいのだそうだが、見つかる気配がまるでないのだという。

鞄

深夜、繁華街をふらついていた。仲間と別れ、家に帰るつもりだったが何かもうひとつ物足りなく、刺激的なことがないかと当て処(あど)もなくフラフラとしていた。

気がつくと繁華街とは云えないような、うらぶれた雑居ビルの並ぶ路地に居た。

不意に女のはしゃぐ声がした。見るとビルの外階段を笑いながら駆け上っている若い女らしいのが見えた。……何をしてるんだろう。そう思って見上げていると手摺りから女が顔を出した。

「おにいさぁん、バッグ落としちゃった！　探してぇぇ」

ご機嫌である、しかも可愛い。良いよと返事をし「何処辺り？」と訊く。すると頭上からあっちあっちと大きな胸を揺らしてビルの下の植え込みと側溝の側を指す。雑草と樹が混み合っていて入り込むのは少し面倒に感じられた。なので女に「取ったら何か良いことあるか？」と訊くと「あるよあるよ」と笑った。それじゃあ、と踏み込むと白い鞄が見えた。手を伸ばし紐を引くとずるりと腕が付いてきた。ハッとして立ち上がると落下したばかりらしい首の折れた女が転がっていた。

先程、良い事をしてくれると約束したあの女だった。

カレンダーに丸

「おい、美佐江。お茶が冷えたから、淹れ直してくれ」

居間の座椅子にもたれて欠伸をしながら、父が偉そうに指図してくる。

仕事中は『鬼の城島』と呼ばれるほどの遣り手だったと父の同僚たちは言うが、私からすれば、家に居る父は、お茶一杯すら自分で淹れず、ひたすら母や娘の私を顎で使い、あれをしろ、これをしろと命令する、傲慢で鼻もちならない男だった。

でも今は、父がこんな口を利くと、すぐにカレンダーへ丸をつけてやる。

そして言ってやるのだ。ほら見てごらん、これ、お父さんの命日だよ、って。

すると、父は急に目の焦点が合わなくなって、ああ……と唸りながら消えていく。

きちんと葬儀をあげたのに、父はちっとも成仏せず、死んだことに気づかないかのように、月に一度はこうやって現れる。死後の世界は、いったいどうなっているんだろう。

その度に、大量にコピーした九月のカレンダーを壁にかけ、命日に丸をつけてやる。

最初こそ懐かしい情も湧いて交流を図ろうとしたが、生前となんら態度が変わらないので、今では姿を現すとすぐにカレンダーへ丸をつけるのが、母と私の習慣だ。

こんな話を、美佐江さんという四十代の女性から聞かせてもらった。

コール

怖い話かい——そういえば一度だけ、現場で変なことがあったっけなあ。

公衆電話の撤去作業をしていたときに、電話機がいきなり鳴りだしたんだよ。で、よせば良いのに後輩が面白半分で受話器を取っちゃってね。

いや、なにが聞こえたかは知らないよ。

だってそいつ、翌日からいきなり連絡がつかなくなったんだもの。

かくれんぼ

ズボンの尻ポケットにスマホを入れて歩いていた。

上着の内ポケットでショートメールの着信音がしたので手を入れてみると、見覚えのないピンクのガラケーが入っていた。

小さな液晶には「みいつけた」と表示されていた。

コーヒー

『今から行くけど、なんか買ってきてほしいものある？』

友達からの電話に舞衣さんは「コンビニのコーヒー買ってきて」と答えた。

引っ越しまで一週間しかないのに、いっこうに進まない荷造りや片づけの話をしたら、そういうのが得意な友達が手伝いに来てくれることになったのだ。

だが舞衣さんは明け方まで起きてゲームをしていたので寝不足のまま、今電話で起こされたところである。

布団の中でふたたび寝そうになっていると、チャイムが鳴った。

舞衣さんは重い体を起こして玄関へ行く。

ドアを開けると知らない女の人が立っていた。

「これ」

そう言って女の人はふちの欠けたマグカップを差し出した。

思わず受け取ると、中には黒い土がぎりぎりまで詰まっている。

いつのまにか立ち去っていた女の人と入れ替わるように友達が現れた。

「何持ってるのそれ？」

不思議そうにカップと舞衣さんの顔を交互に見つめている。

友達は来る前に電話などしていないと言い、たしかに着信記録が残っていなかった。

「私は誰に向かってコーヒー買ってきてって頼んだんでしょうか」

その相手と思しい謎の客の顔は、どうしても思い出せないそうだ。

温かい場所

その日、荒川さんは友人の新居を訪ねた。

外見は古いが、ロフト付の部屋である。陽当たりも風通しも良く、申し分のない部屋であった。

だが、肝心のロフトを使ってないという。寝心地が良すぎて起きられないというのが理由だ。

荒川さんは予定を変更し、一晩泊まることにした。

「物好きだなぁ、お前は」

友の苦笑いを尻目に、ロフトへと上がる。

置いてあるマットに横になり、目を閉じたところまでは覚えている。

荒川さんはほんの数秒で眠ってしまった。

ふと目が覚めた。なんともいえない温かさだ。

何故だろう。空調のせいかな。

確認しようと思い、うっすらと目を開けた。

自分が何かに覆われていると気づいた。見ると、黒い毛布である。

毛足が長く、ふわふわとしている。起きようとするとまとわりついてくる。
それだけではなく、毛布は若い女の声でこう言った。
もういいじゃない。寝てようよ。
必死に抗ったおかげで、毛布の端から足が出た。
その途端、毛布はするすると小さくなって消えた。
「どう？　なんだか知らないけど起きたくなくなるだろ」
友の笑顔に頷くのが精一杯であった。

祟り灯篭

昔収集した怪談の記録を整理していると、思わぬ話が出てくることがある。

これは、三重県在住のYさんから十年ほど前に、京都で行った怪談会で聞いた話。

三重県松阪市の交差点付近に、祟り灯篭(とうろう)と呼ばれる灯篭が佇んでいる。

人によっては、その灯篭を「呪われ灯篭」「うらみ灯篭」とも呼ぶらしい。

なんでも、その灯篭の前で行き倒れになった旅人が江戸末期の時代におり、周りの人々に助けを苦しみながら求めたにもかかわらず、誰も旅人に、声をかけることすらしなかった。

絶望した旅人は、事切れる前に絞り出すような声で「触りたくなければ触らねばよい。助けたくなければ、助けなくてもよい。しかし、ここからは何があっても動かぬぞ」と言い残した。

それ以来、旅人の怨念によるものなのか、灯篭に不用意に触ったり、灯篭を動かそうとすると祟りが起こり、今も恐れられているという。

平成の時代、道路の拡張工事に関わった業者も事故に遭い、作業の依頼を断った。仕方がないので役所が他の業者に頼んだところ、その会社も火事で全焼してしまった。

灯篭の修復を行おうと善意で触れた人も、交通事故に遭ったという。

灯篭の背には、灯篭有縁犠牲者と書かれた卒塔婆が何本も立てかけられている。

後日、Yさんから聞いたのだが、私にこの話を提供した帰りに車のフロントガラスに二度続けて、トンネルから出てすぐに鴉が激突したらしい。

「危うく事故るところだった。帰りにあの灯篭に寄って写真を撮影して送ろうと思ったけれど、こういうことがあったので、止めました」

そう言っていたから、やはりその灯篭には何かあるのだろう。

対症療法

早朝に、家の中で物音がして目が覚めた。

越してきたばかりのこの家には自分しか住んでいないし、ペットも飼っていない。

何事かと耳を澄ませば、パタパタとスリッパを履いた人が、寝室の外の廊下を歩く音のようだ。

最初は夢かとも思ったが、起きてからしばらく経っても足音はまだ聞こえてくる。

ひょっとして、侵入者なのか。

布団の横にあった孫の手を握りしめ、寝室のドアを一気に開けた。

次の瞬間、目の前の誰もいない廊下にパタッ、ポタッとスリッパが左右、時間差をつけて落ちてきた。

そこからの行動は迅速だった。

買ってきた防音マットを廊下に隙間なく敷き、スリッパはトイレ用のみ残して捨てた。

足音が響かないように対策を講じてからは、睡眠を邪魔されることはなくなった。

壁から

新人の女性スタッフが辞めると言い出したのは、営業終了直後のことだった。

そこは都内のライブハウス。数日前に入社したそのスタッフは、音楽の現場で働けることをとても喜んでいる様子だった。しかしその日、彼女が真っ青な顔をして「すぐに辞めさせてください」と言ってきた。理由を訊いても答えない。人手不足だったため店主は引き止めようとしたが、結局その日で彼女は辞めた。

「先輩にだけは、理由を話しますけど……」

後日、同僚のスタッフであるN氏は彼女から訳を聞いたという。

その日、彼女はフロアの清掃をしようと掃除道具の置いてある物置に入った。壁に立て掛けてあったモップの柄を掴んだ時、その姿勢のまま金縛りにあったという。意識はあるが、体が動かない。右手でモップを持ったまま、彼女は恐怖に襲われた。その時。

壁から黒い腕が生えてきて、彼女の右腕を掴んだという。

「お前、それ本当か?」とN氏が訊くと、彼女は右腕の袖を捲り上げた。

——あれからずっと、消えないんです。

震える声で、彼女は言った。

壁に

二年前の話である。

西野さんは離婚を切っ掛けに、一人暮らしを始めた。

家の建築資金を貯めるため、夫婦で古いマンションに越したばかりであった。

離婚の原因は妻の不倫である。結果として、妻は出て行き、西野さんはそのまま生活を続けることにした。

暮らし始めて数日後、西野さんは妙なことに気づいた。

食事をしている、あるいはテレビを見ている最中、自分でも気づかないうちに部屋の片隅を見つめているのだ。

あるのは白い壁だけだ。見つめなければならない理由が見当たらない。

無視しようと努めるほど気になってしまう。

日を重ねるにつれ、状態は悪化していった。

帰宅後、何もせずに何時間も見つめ続けている。朝、起きてすぐに見てしまう。

休みの日などは、目覚めてから夕方近くまで見つめていた。

さすがにおかしいと自分でも思うのだが、どうしていいか分からずにいた。

一つだけ心掛けていることがある。絶対に声をかけない。理由は分からないが、本能的にそう感じていた。

そんなある日のこと、西野さんの父親が部屋を訪ねてきた。
出張のついでに立ち寄ったとのことである。
部屋に入った父親は、壁を見つめるなり声をあげた。
「おまえ、誰だ?」
その瞬間、壁の気配は急速に塊になった。
相変わらず姿は見えないが、そこに全裸の中年男性が立っているのが分かった。
その中年男性こそが、妻が不倫に走った原因だと西野さんは確信している。

川縁の親子

毎朝、自転車通勤をしている早見さんは、いつも気になっている光景があった。

川のそばの道を通る時、小学生たちの登校班とすれ違う。

その登校班に入らず、川縁（かわべり）に座って川を眺めているランドセルを背負った小学二年生くらいの女の子と、その横に座る母親らしきカールへアーの女性がいる。

イジメにあっていて、学校に行きたくないとか？

今は、イジメが理由で学校に行きたくなければ、無理に行かせなくてもいいという風潮だ。ああして母親は毎朝付き添ってあげて、本人の気持ちが前向きになるのを、じっくり待ってあげているのかもしれない。

だが、ある朝、その女の子は一人だった。

川に近づいて覗き込んでいるので、ちょっと危ないなと思い、自転車を止めて「あぶないよ」と声をかけ、訊いてみた。

「どうしたの？　今日はお母さんと一緒じゃないの？」

女の子はきょとんとした顔をする。お母さんはいつも仕事だから一緒じゃないという。

では、いつも一緒にいる人は誰かと聞くと、女の子は首を傾げ、そんな人は知らないという。

（あ、これたぶん、ダメなやつだ）

そう察した早見さんは、「ここは危ない場所だから、もう一人で川に来ちゃだめだよ」と伝えた。女の子は不承知な顔をしていたが、頷いてくれた。

その日の仕事帰り、川縁に例の女性が一人で座っているのを見かけ、早見さんは急いでその場を通り抜けた。その女性に、待たれている気がしたからだという。

コイントス

——表が出たら、おじさんと山に行こう。

——裏が出たら、おじさんと海に行こう。

小学三年生の夏休み、智樹さんが空き地で虫採りをしていると、タキシードを着て、髪を綺麗なオールバックに整えた初老の男性が、微笑(ほほえ)みながらそう声をかけてきた。

地元の人間はみんな顔見知りという田舎である。見かけない人が、奇妙な恰好で突然話しかけてきたので、智樹さんはえらく驚いて返事も出来なかった。

初老の男性は、そんな智樹さんの様子を一切に気にかけず、同じ台詞(せりふ)を繰り返した。

——表が出たら、おじさんと山に行こう。

——裏が出たら、おじさんと海に行こう。

そう言うと、男性はタキシードのポケットから、外国のものらしき古びたコインを取り出して、智樹さんの前に差し出した。

——さあ、いくよ。

掛け声と共に、マジシャンのような指さばきで、コインをピンと弾く。

智樹さんの目の前で、コインは宙に高く舞い上がり、くるくると回った。

コインが、二人の間にコンッと落ちる。

覗き込んでみると、コインは表でも裏でもなく、縦になって地面の土に刺さっている。

途端に男性の顔からこれまでの微笑みが消え、不機嫌そうに口を歪めた。

男性は横を向いてチッと舌打ちをした後、また智樹さんのほうを向いて笑顔を作った。

——気を取り直して、もう一回いくよ。

そう言って、男性は再びコインを弾く。

コインはまた回転しながらくるくると宙を舞い、智樹さんの足元へストンと落ちた。

見ると、また同じように、表でも裏でもなく、縦になって地面へ刺さっている。

一度でも奇跡みたいなのに、二度続くことあるんだ……と智樹さんが吃驚していると、
男性は酷く悔しそうな顔をして、クソッと唸りながら、地面を激しく踏みつけた。

——畜生、茂吉は死んでも邪魔をするのか。

——いつか必ず、迎えに来るからな。

男性は吐き捨てるように言うと、智樹さんのほうを睨みながら去って行った。

結局、あの初老の男性が何者だったのかは、未だにわからない。

ただ、亡くなった茂吉おじいちゃんの墓参りを前日にしていなかったら、あの時自分はどうなっていたのかと、三十年経った今も、思い返す度に背筋が寒くなるという。

袋

田島さんが深夜、タクシーを運転していると突然、風にあおられたビニール袋が飛び出してきた。

「大きな袋でね。冷蔵庫とかタンスみたいな物を包んでたやつかなと思ったら」

ずしんっと重みのある衝撃に、彼は蒼白になった。

「薄暗い路地だったから、人が被ってたのに気づかなかったんだと思ってさ」

すぐに降りようとした時、風に煽られたのかビニール袋が立ち上がった。

「それ、ただのビニールじゃなかった。あの……防護服ってやつ。でも、人はいなかった」

田島さんは車を降りた。立ち上がっている袋を、他の車の迷惑だから回収しようと掴んだ田島さんの手に——躯の感触があった。

「え？　と思ってね」

しかし、中身はカラだった。

それは緩んだ田島さんの手を離れると路地を進んで門の中に消えた。

そこは病院の裏手、霊柩車の出入り口に繋がるスロープの前だった。

されど

ある男性より、場所を伏す条件でこんな話を聞いている。

昨秋、彼の住む集落でも村祭りが中止になった。「この状況では仕方ない」と大半の住民は納得したものの、ひとりの老人だけが「決行すべきだ」と頑（かたく）なに主張した。

「祭りは産土神（うぶすながみ）に贄（にえ）を見逃してもらうための神事なのだ。止めれば大変なことになる」

その言葉を人々は「たかが村祭りに大袈裟な」と笑い、嗜（たしな）め、無視した。

それから数日後――村人が行方知れずになった。

長らく寝たきりの、自力では外に出ることも儘（まま）ならない高齢の女性だった。

まもなく彼女は裏山で遺体となって発見される。亡骸（なきがら）は杉の木の枝に引っかかっており、なぜか裸足（はだし）で、にもかかわらず足には泥ひとつ付着していなかった。表向きは「徘徊したすえの衰弱死」とされたが、その説を信じる住民は誰もいない。

集落では「なにがあっても今年は祭りを開催する」と暗黙のうちに決まったそうだ。

シャドーボクサー

あるボクシングジムの話である。

鏡に向かってシャドーをしているとふいに、顔面にパンチが当たったような衝撃を感じることがあるのだという。

練習生が会長にそのことを言うと、「そいつが出てくるならうまくなった証拠だ」と、必ずほめられる。

そのパンチをもらわないように動くと、めきめきとディフェンスが上達するそうだ。

そのジムでは昔、有望だった選手がリング禍で亡くなったことがあったという。

りえちゃん

十四年ほど前、大学を中退した梨恵さんは郷里に帰り、将来に何の展望も見いだせず暗い日々を送っていた。地元の友達に会う気も起きず、家に閉じこもって毎日音楽ばかり聞いていたそうだ。

その日は家に誰もおらず、梨恵さんは両親の所持するＣＤを適当にかけて部屋でぼんやりしていた。騒がしめの曲がかかっているとき、家の中で自分を呼ぶ声がした。「りえちゃん」とつぶやくような女の子の声だ。ＣＤの音量を下げて耳を澄ませるが、人の気配は感じられない。

気のせいかと思って放っておいたら、また声がした。今度は「りえちゃん、明日の五時」と聞こえた。ＣＤを止めて立ち上がった梨恵さんは「お母さん？　誰？」そう言いながら家中を見て回ったが誰もいない。

空耳のようなものかと思い、静かな音楽をかけたらもう声は聞こえなかった。

翌日の早朝、五時頃に大きめの地震があった。幸い深刻な被害はなかったが、以前叔母が外国土産に買ってきてくれた陶製の人形が床に落ちて粉々に割れていた。

女の子の人形だったという。

牛女

オンライン怪談会で、兵庫県の西宮に住む山口さんから聞いた話。

西宮市内に、牛女が現れるって噂の弁天池があるんです。

夜更けに池に行くとね、長い黒髪を靡(なび)かせた牛女が水を飲んでいるとか、牛の蹄(ひづめ)の音が聞こえるとか、牛女が池の縁で帯を畳んでいる姿を見るとか言われているんです。

昼間に石を池に投げ込んで、その翌日の丑三つ時に弁天池に来ると頭だけが牛の着物姿の女性が背後に立つとか、牛女に追われるって話もあるんです。

この牛女は、織田信長の命令に逆らった戦国大名の娘だと言われていて、見せしめのために逆らった大名本人でなく、娘の髪に火を付けて池に投げ込んだとか、近くの寺で尼として過ごしている娘がいることを知って、寺に放火して蒸し焼きにしてその悲鳴が牛のようだったとか、牛に曳かせて、池の中に娘を引きずり込んで、溺れ死にさせたとか、いろんな話が伝わっています。

その姿を見て、哀れんだ弁天様が、牛女として蘇らせたとかで、でも顔は焼けただれていたから元に戻せなくて牛にしたとか、弁天様は姫が余りにも美しかったから顔だけ牛にして蘇らせたって話もあるらしいんです。

わたし、牛女の話をいろいろ聞いて気になってしょうがなくなったから、弁天池に夜の丑三つ時に一人でバイクで行ったんです。

そしたらもぉ～って牛の声聞いてしまったんです。周りに牛なんて飼ってる家は一軒も無いのにですよ。

でも、考えてみたら可哀そうですよね。池に一人で牛の顔になったお姫様がいるなんて。声も牛だったってことは、話したくても喋れないのかも知れないし。

生まれつきお化けじゃなくって、人間やったのにお化けになってしまうのってどんな気持ちなんでしょうね。

遺影サービス

「何か怖い話あるかって？　あるある。二年前、自殺した悟ちゃんのお葬式でね、遺影が目をぱちぱちと開いたり閉じたりしたの。あれはすごく怖かったぁ」

折角お話いただいて恐縮ですが、それ、怪談ではありませんよ。

ＡＩで、遺影にまばたきをさせる葬祭サービスがあるんです。

「嘘っ。そのとき悟ちゃん、遺影の目だけじゃなくて、口も動いてたのに？」

私が聞いたことがあるのは、まばたきのサービスだけですが、故人の映像を作成する際に口を動かすのも可能でしょうね。

「ああん？　でも、やっぱり怪談だったわ。間違いないわ」

どういうことでしょうか。

「だってね。悟ちゃん、生前に仲が悪かった弟さんが焼香するときにね、〈死ね死ねお前も死ね〉とか言ってたもん。いくら葬儀屋さんのサービスでも、遺影に恨み言を言わせたりなんかしないでしょ？」

個人の声を録音または合成で再現することも技術上は可能だろうが、このケースはどうやら怪異だったようである。

ハードディスク

私が主宰する怪談イベントで、心霊写真を紹介しようという企画があった。

私もいくつか奇妙な写真を自分のパソコンに所蔵している。イベントの前日、どれを使おうか選んでいた時。

ブツン――と、鈍い音を立ててモニター画面が落ちた。

再起動したがパソコンは動かない。七、八年使い込んでいたパソコンだったため、経年劣化だと思われた。パソコン本体は諦めるしかない。しかし、ハードディスクには大切なデータが多数格納されている。なんとか復旧できないだろうかと思い、秋葉原のパソコン修理店でハードディスクだけ取り出してもらった。

自宅に帰り、別のパソコンにハードディスクを接続して中を見た。

問題なくデータは復旧されている。

しかし、なぜか心霊写真が格納されたフォルダだけ忽然(こつぜん)と消えていた。

自殺臭

半藤さんは街で〈臭いのする人〉に出会うと積極的に声を掛ける。

その掛け方はこうだ――「莫迦なこと考えてない？」

ほぼ百パーセント相手は驚いた顔になり、その後、沈黙し、小さく頷く。外れたことはないという。

高校時代、半藤さんの母は彼女を置いて自殺していた。

「死ぬ十日ぐらい前から、ずっと臭いがしていました。今迄、嗅いだことのない臭いで、強いて云えば、焼いたゴムと悪くなった肉の臭いかな」

母の死は突然のことだった。呆然としていた妹から、その〈臭い〉がし出した。

ある日、トイレから出て来た妹に「駄目だよ！　絶対に駄目！」と言葉を投げつけると、妹はくたくたと床にしゃがみこみ「怖い！」と大泣きした。

妹の部屋の鴨居には縄が掛けてあった。

「遺体が汚いのは恥ずかしいと、下剤を飲んでお腹のなかをキレイにした直後だったんです」と彼女は云った。

ささやかな葬儀

遠縁の親戚が、マンションの自室で孤独死した。

ずいぶん高齢で身寄りもないため、生前の本人に会ったことすらない千葉さんが、ささやかな葬儀を執り行ったのだが、マンションの掲示板へ葬儀の案内を貼り出しただけなのに、なぜか通夜の斎場には、二十人以上が弔問(ちょうもん)に訪れた。

ただ、受付の記帳では、全員が『かわごえ すすむ』と平仮名で同じ名前を書き、住所・連絡先欄には、やはり全員が『不明』と書き記した。

彼らの背格好はそれぞれ違うのだが、全員が右足を引きずって歩いている。

そして何より、棺の前で手を合わせる時、全員が満面の笑みを浮かべるので、とにかく気味が悪かったという。

すでに

「遅くまで起きてたらオバケが来るぞお」

寝かしつけようと低い声で脅しつけた直後、幼い我が子がこちらの背後を指して、

「もういるよ」

言い終わらぬうち、無人のはずの廊下を誰かが走りはじめる。

ヒヤリハット

ユウイチさんが派遣されたのは、倉庫の高い棚からフォークリフトで品物を出し入れする現場だった。新しい現場だが、ユウイチさんにとっては慣れた仕事だ。

床に何も落ちていないことを確かめ、上の方も注意しながら前進する。突然、車体の下からガタンという衝撃を感じた。

あわててフォークリフトを停め、降りて床を調べたが、何も落ちておらず、段差やへこみもない。

おかしいな、と思いながら派遣先の責任者にヒヤリハットの報告をすると、「またあそこか」と言われた。前に何があったのか、いくら聞いても教えてもらえなかったが、現場の同僚からは、昔ここで死亡事故があったらしい、という噂を聞いた。

今でもユウイチさんはその現場で働いている。あそこ以外でヒヤリハットを経験したことはない。

帰還

梓さんは実家で母親と二人暮らしである。

先月のこと、風呂に入ろうとして彼女が服を脱ぐと、脱衣所の照明がふっと暗くなった。

えっ、こないだ電球を替えたばかりなのに？

見上げれば、電灯の真下に何かが浮かんでいる。

灯りを遮っているのは、ぼんやりと黒くて丸い物だ。

眼鏡をかけて確認すると、それはニタニタ笑う黒く煤けた中年男の生首だった。

「タオルでシパーンってしばいたら消えましたけどね。それ、兄だと思ったんですよ」

梓さんが成人する前に、家出した兄。

ここ数年、めっきりと実家に姿を見せなくなった兄。

「老け方が半端なかったですけど、その顔、兄の面影があったんです」

同居時に妹の洗濯物をこそこそと探って下着を嗅ぐような男だったから、死んで霊となって覗きに来ても不思議はないという。

「でもそれ、兄だと思っていたんですけど。最近、よくわからなくなっちゃいまして」

久しぶりに家族のアルバムを紐解いていたら、そこに彼女の父親の若い頃の写真が貼ってあったのだという。

「三十路の父の顔が、兄と瓜二つで。アルバムにあった写真の父が年を取ったら、こないだ見た煤けた男とそっくりだなあと」

「失礼ですが、お父様はもう亡くなられて……？」

私の質問に、梓さんは神妙な面持ちで答えた。

「いやそれがね、わからないんです」

彼女の父親は梓さんが物心つく前に蒸発してしまい、生死不明なのだという。

「あっ、でも失踪してから全く音沙汰ないので、父についてはもう死亡届出してます。戸籍上は死人扱いですわ。父といい兄といい、代々うちは、男が居つかない家なんですね」

万が一、再び覗きに現れたら、タオルで殴る前にそいつが兄と父のどちらなのかを詰問してやるつもりだと梓さんは意気込みを語った。

万能感

村本さんの職場に、仲田という男性がいる。

いつ見ても眉間（みけん）に皺（しわ）を寄せ、不機嫌そうな顔で働いている。

大袈裟でなく、笑ったところを見たことがない。

無口で付き合いも悪く、常に一人きりだ。

ここ最近、その仲田が驚くべき変貌を遂げた。

笑顔で出勤し、気さくに挨拶を交わし、積極的に飲み会に参加し、二次会、三次会まで楽しむ。

まことに気持ちの良い男になった。

どういう心境の変化か訊いてみると、仲田は爽やかに答えた。

「一人で山歩きしてたら、不思議な岩を見つけてね。前に座っているだけで、なんとも気持ちが良くなってくるんだ」

仲田は、いつの間にか眠ってしまったそうだ。

目覚めた時、体中に力が漲り、何でもできるような万能感に包まれていた。

「それまでのちっぽけな自分に別れを告げ、生まれ変わったんだ」

楽しそうに語ってくれた仲田は、その三日後に屋上から身を投げて死んだ。

目撃した者によると、まるで鳥のように羽ばたき、笑いながら跳んだのだという。

ちなみに仲田は、その不思議な岩を撮影しており、皆に見せてまわっていた。村本さんも見た一人だ。

岩は、どう見ても墓石であった。

鯉

和歌山の岩出（いわで）市に住んでいるという、鈴木さんから聞いた話。

鯉（こい）の森と呼ばれる地が、市内の山崎にあるという。

山崎の淵に、背中が苔むした大きな古い鯉が住んでいて、その大きさは口を開けば子供をひと呑みできるほどだった。

古い鯉を主（ぬし）として、近隣の村人たちは恐れて池に近づく者すらいなかった。

だが、それを聞いた紀州の殿様が、鯉は龍になる生き物というので、その主は龍の稚魚かも知れぬ。そんな鯉の肉を味わってみたいと言い、村人に鯉を捕らえるように命じた。

村人は祟りを恐れ池の主の鯉を捕らえることを躊躇（ためら）ったが、豪傑で知られた殿様の意思は変わらず、仕方なく村人総出で鯉を生け捕りにする計画を立てた。

そしていよいよ主の鯉を生け捕りにする前日に、村人が揃って網に破れはないか確認をしていると、巡礼姿の若い娘がやって来た。

娘は、村人に頭を下げ「明日、淵に網を打つのを、どうか取りやめていただけないでしょうか」と涙ながらに訴えた。

村人は何か理由があるのかと、娘に聞いてもはらはらと涙を流すばかりで要領を得ない。

村長はその姿を哀れんで家に娘を案内し、搗いたばかりの草餅をふるまった。

「鯉の主を捕ると禍いがあるというので、できることなら止めにしたい。だが、明日は殿がここへやって来る日で、今更取りやめることはできない」

それを聞いた娘は、目から赤い涙を二筋流し、頭を下げて帰って行った。

生け捕りの当日、殿様が見守る中、網が池に打たれた。

村人総出で網を引き、大きな鯉は暴れに暴れたが、やがて観念したのか大人しくなった。豪傑自慢の村人の一人が鯉の上に跨り、大刀を揮ってスパっと腹部を切った。すると、べろりと垂れた赤い腑の中から、村長が巡礼姿の娘に食べさせたのと同じ草餅がそのまま出てきた。

あの娘が主の鯉だったのかと知った村長は、仔細を殿様と村人に伝えた。皆は立ち尽くし、大きな鯉の躯の傍らで言葉も無かった。

流石に殿様も、その鯉の肉に箸を付ける気にはならなかったようで、料理は取りやめさせ、主であった娘……鯉の遺体を埋めてその上に塚を建てた。

やがてその地の周りは木々が生い茂り、鯉の森と呼ばれるようになった。

今もなお貴志川の淵を泳ぐ鯉の腹を裂くと、人の食べ物がそのまま出てくることがあるという。

安全確認

七、八年前に彰宣さんがバイトに行くとき乗っていた電車が急停車して、安全確認をしますというアナウンスが流れた。

窓の外を見ると車掌が車両に沿って歩いている。ああ、確認しているんだなと思って見ていたら、ふり向いた車掌の顔は真っ赤で口が耳まで裂けていて赤鬼のようだった。

だが車掌らしい制服をきちんと着て制帽もかぶっている。その異様なものは彰宣さんのいる車両の横ばかりを何度も往復し続けた。

やがて運転が再開し、電車が走り出してからも依然として車両の横を真っ赤な顔でうろついていたが、次の駅に着く頃には見えなくなっていたという。

墓地の隣

Sさんの彼氏は、滋賀県某所にある古いアパートの二階に住んでいた。

彼女が初めて彼氏の部屋を訪れた時のこと。深夜まで彼と談笑していたのだが、ふと窓を見るとカーテンが揺れている。風が入ってきているのかと思い、彼女は立ち上がると窓の傍まで行った。しかし、窓は閉まっている。「変だな」と思いながら外を見ると、眼下には広大な墓地が広がっていた。闇の中に、無数の墓石が並んでいる。その間を浮遊する一つの灯りが見えた。それは不安定にふらふらと動いている。

次の瞬間、目の前で「ドン！」と強く窓を叩く音がした。彼女が驚いて身を縮めると、背後でパリンと音がした。テーブルに置いてあったグラスが割れていた。

彼氏は静かに笑っている。

Sさんが唖然としていると、食器棚に置いてあった茶碗がこちらに向かって飛んできた。それは彼女の足元で大きな音を立てて割れた。

「うちに幽霊なんているわけないでしょ。怖いなんて一度も思ったことないよ」

別れるまで、彼氏はそう言っていたという。

雑誌

綾香さんが、東京S区の服屋を辞めたのには理由がある。

若者向けのファッションを揃えていたその店は、繁華街の一等地にあった。綾香さんが開店前に商品のディスプレイを整えていた時、入り口の自動ドアが開いた。

「すいません。まだオープン前で……」

見ると、そこには誰もいない。そもそも自動ドアはまだ停止されているはずである。故障かと思ったが、その現象はほぼ毎朝続いた。ある時、同僚が「この店、何かいるよね」と呟いた。自分以外にも気付いている人がいる――。自動ドアの一件以来、綾香さんはこの店にスタッフ以外の何者かが徘徊している気配を感じていた。

ある日の閉店後、店内の棚に置かれたファッション雑誌の整理をしていると、背後から近付いてくる足音が聞こえた。

「ねえ、そこにあるよ」

耳元で囁く女の声に驚いて振り返ると、誰もいない。

手に持っている雑誌の間から、バサッと何かが床に落ちた。

それは大量の黒い髪の毛だった。

お前は行くな

それはおもに、昭和四十年代の少年漫画雑誌の裏表紙にいた。アヒルの口、寸詰まりの胴体、短い手足、頭に皿、色は緑。河童をモチーフにした販促用キャラクターである。

愛くるしい姿なのだが、このキャラクターが嫌いだったという人が私のまわりに僅かながらいる。正樹さんもその一人で、子供の頃はこのキャラクターのイラストが不気味でならなかったそうだ。見つけようものなら、その雑誌を放り投げ、絵の見えない場所に隠したという。そんな正樹さんの様子を彼の兄は面白がり、よくこの絵の載っている雑誌を持って正樹さんを追いかけまわしてきた。泣いて逃げまわったという。

そんな困った兄が急に、その行為を止めた。ただ止めただけではない。毎週読んでいる漫画雑誌にそのイラストがあると、裏表紙を破り捨てるようになったのだ。

理由を聞くと、あのキャラクターとそっくりな生き物を近くの川で見たのだという。

「すげぇ気持ち悪い奴だった。お前は川に行くなよ。あいつがいるぞ」

嘘じゃねぇからな、絶対、川には行くなよ。

そう言っていた翌年、兄はその川で溺死した。

鬼ごっこ

およそ二十年前、昭二さんが中学二年生だった時の話。

学校の帰り、近道をするために、よく通り抜けていた林があった。

神社が管理しているのだが、大きな木が立ち並ぶ見通しのいい林で、特に危険な場所も見当たらないのに、なぜか「十五歳未満立入禁止」と書かれた看板が立っている。

小さい頃、友達とこっそり忍び込んで遊んだ時は、親から凄い剣幕で怒られた。

昔、林の中で遊んでいた子どもが何人も神隠しに遭った、という噂は聞いたことがあったが、親や大人に聞いてもはぐらかされるばかりで、真偽のほどはわからなかった。

その日、いつものように林を通り抜けようとすると、子どもたちの声が聞こえてきた。

林の中では、小学低学年くらいの子どもたちが、「鬼さんこちら」「待てぇ」などと言って楽しそうに走り回っている。どうやら、鬼ごっこをしているらしい。

子どもたちは昭二さんの姿を認めると、「わあ、お兄さんが来た」「一緒に遊ぼうよ」「鬼ごっこ～」と口々に叫びながら駆け寄ってきた。

近所では見かけない顔の子どもたちで、どこから遊びに来ているのだろうと不思議に思ったが、遊ぼう、遊ぼうと妙に人懐（ひとなつ）こく誘うので、「中学生だぞ、お前らに捕まるわけないだろう」とつい返事をしてしまい、子どもたちの鬼ごっこに付き合うことになった。

単純な鬼ごっこで、鬼役から逃げ回り、捕まったら鬼になる、ということの繰り返し。

中学生相手に子どもの足で追いつけるわけもなく、彼らに混じって適当に走り回りながら遊んでいたのだが、やがて子どもたちは不貞腐れはじめて、「お兄さんずるい」「僕たち全員が鬼で、お兄さんが一人で逃げるのがいい」と言い出した。

結局、最後に一回だけ、子どもたち全員から逃げ回る鬼ごっこをやることになった。

よーい、はじめ！　の掛け声で、昭二さんが走り出した途端、子どもたちの雰囲気が変わった。全員の顔から表情が抜け落ち、両手を前に突き出しながら、滑るような速さで追いかけてくる。昭二さんは、背筋に震えがくる生理的な恐怖に襲われ、夕暮の林の中を必死に逃げ回ったが、最後には子どもたちにぐるっと囲まれて捕まってしまった。

輪になった子どもたちは、両手を突き出しながら全員で昭二さんに触れてくる。

――つかまえたあ。お兄さんはこれから、ずうっと鬼のままだよ。

子どもたちは声を揃えて言うと、ケケケケ、ククク、と囁くように笑い合い、そのまま木々の間へ滑るようにして、スウっと姿を消してしまったという。

それ以来、学業でも、恋愛でも、仕事でも、欲しい物が手に入ったことがない。

昭二さんは延々と、何かを追いかけ続ける感覚に囚われているそうだ。

風船

四歳になる娘が幼稚園で描いたという絵を見せてきた。

「たっくん、ふうせん」と云った。たっくんとは二歳下の弟、隆（たかし）のことだと、ひよりさんは気がついた。

絵の中には、白い帽子に、風船のような青い丸顔の子どもがあるだけだった。

「これ、たっくん？」

「うん」

お姉ちゃんは元気よく頷いた。

翌年、隆は家族で行ったキャンプ場で河にはまって流され、七日後に見つかる。

解剖後のたっくんは頭に包帯が巻かれ、顔は風船のように膨らんでいた。

マスク

「マスクしたまま死んだ人の幽霊ってさ、マスクをつけてるのかな」

買い物のさなか、なんとなく浮かんだ疑問を呟くなり、隣を歩く妻が「まさか」と笑う。

その声が老人のようである。ぎょっとしたものの、妻はマスクをしているため口の動きが見えず、彼女が発したのかどうか明瞭(はっき)りしない。

「追及するな」と本能が告げているような気がして、あとはなにも訊かなかった。

「……と、そんな出来事があったんですよ。なんだか面白いでしょ」

話者であるK氏が笑う。

相槌を打ちつつ、私は別なことが気になっていた。彼の語りに混じって、ときおり短い嗄(しゃが)れ声が重なるのだ。当のK氏はマスクを装着しており、おかげで彼の声なのかどうか判断がつかない。私も聞いたばかりの話に倣(なら)い、それ以上は問わずにおいた。

それにしても——気になる。本当に、幽霊はマスクをしないのだろうか。

ふたりがかり

バツイチのヒトミさんと、妻を交通事故で亡くしたミチオさんは、知り合ってすぐに惹かれ合った。

二度目のデートで、ヒトミさんはミチオさんの自宅に招かれた。彼の手料理でもてなされて軽くお酒も飲み、ごく自然にふたりで寝室へ入った。ダブルベッドに横たわったヒトミさんの身体を、ミチオさんが丁寧に愛撫する。別れた夫よりずっと上手だった。仰向けで、うっとりとなった彼女の中に、ミチオさんが入ってきた。大きかった。強い刺激に、ヒトミさんは思わずのけぞる。

目の前に、女の白い顔が現れた。

なぜか驚かなかった。

ヒトミさんが目を閉じると、唇がふさがれ、とろけるような甘い香りのする舌がぬるりと入ってきた。歯の一本一本を確かめるように、口の中をぐるっと一周して、ヒトミさんの舌をちゅうっと吸い出してから、女の顔が離れていく。

突き出された舌を、今度はミチオさんが吸ってきた。ヒトミさんはたちまち頂へ押し上げられた。しばらくしてミチオさんも終わった。

わたし見たよ、とだけ言うと、うん、ありがとう、とだけ彼は答えた。

認められたのだ、そう思うとヒトミさんは嬉しかったが、ふたりがかりなんてずるい、ともちょっぴり思った。

それから間もなく、ヒトミさんの方からプロポーズしたそうだ。

しょっぱいドライブ

高速道路のゆるやかな下り坂、山本さんは制限速度を超えて百二十キロほどで走行していた。

すると、前を走るトラックから、西瓜よりもわずかに小ぶりな黒い物が落ちた。

ゴロゴロと路面を転がる物の正体を、動体視力の良い山本さんは見てとった。

生首だ。下顎の直下で切り落とされた、男とも女ともつかない人の頭が、ものすごい速さでこちらに転がってくる。

轢いてはならじとハンドルを切ると、同乗の妻は左右に激しく揺れる車に怯え、「どうしたの！」と悲鳴をあげた。蛇行することで、かろうじて彼は生首を避けた。

山本さんの運転技術が高かったこと、普段から用心深い性格の彼が前の車との車間距離を大きくとっていたこと、偶々そのとき後続車がいなかったことなど、幾つかの奇跡の重なりによって事故を起こさずに済んだ。

しかし、彼の妻は転がる生首など見ていなかった。夫が乱暴運転をしたと思い込んだ妻がその日ずっと不機嫌になり、さんざんなドライブになったそうだ。

毛抜き

北山さんは抜け毛に悩んでいる。目立ち始めたのは最近である。

起きた時の枕を見て青ざめるほどだ。栄養管理も毛髪の手入れもきちんとやっている。

ストレスも皆無とは言わないが、毛が抜けるほどではない。

どうしたものかと悩んでいるうち、抜け毛は更に増していく。

北山さんは単身赴任である。故郷に住む妻にはバレてないが、不倫相手は嫌がった。このままだと別れるとまで言う。

そんなある日、北山さんは夜中にふと目覚めた。枕元の電気スタンドを点ける。

北山さんは驚いて声をあげた。ベッドサイドに妻が立っていたのだ。

妻は虚ろな目で、北山さんの頭に手を伸ばし、少しずつ髪の毛を抜いていく。

不思議と痛みは無い。何度も繰り返し、満足したのか妻は物凄い笑みを残して消えた。

翌日、北山さんは恐る恐る妻に電話した。

実は最近、抜け毛が酷くてと打ち明けると、妻は朗らかに笑った。

その後も妻は現れ、毛を抜き続けた。不倫相手と別れても止まらなかったという。

雨の森

二月にしては暖かい日の夜に開催された、オンライン怪談会でAさんから聞いた話。

和歌山の海南市に雨の森と言われる場所があって、戦前に森の近くで殺人事件があったそうです。

十六歳と十三歳、七歳と三歳の男児四名と十四歳と十歳の女児の二名、計六人の子供と、男女の成人二人を殺害した大量殺人事件で、犯人は良心の呵責に耐えかね、犯行後A新聞社に自首して逮捕されたそうです。

そして、犯人は裁判で死刑の判決が下りました。

でも、刑が確定した年にサンフランシスコ講和条約が国会の承認を経て発効され、それが「国家的慶事」ということで法務当局によって恩赦が決定されたんです。

犯人は恩赦で減刑が決定後、二十年後に出獄したそうです。

それから、犯人が出獄したという噂を聞くようになってから、雨の森で不思議なことが起こるようになったらしいんです。

例えば、森で亡くなった子どもの数と同じ、六つの火の玉が雨の日に浮かんでいたという人や、写真にそれらしきものが写るという人が今もいるって聞くようになって。

「おうどん、食べさして」という小さい子供の声が雨の日に重なって聞こえ、振り返ったが誰もいなかったとか、そういう話を聞くんです。

私も甥っ子と姪っ子と一緒に雨の森に行った時に、にわか雨が降って来たんで、雨宿り場所まで子供の手を繋いで走って向かっていたら「いいなあ」って子供の声が真後ろから重なって聞こえたことがあります。

何年経っても、亡くなった人ってその場所から動けないんでしょうか。

Aさんが話し終えたのと同じタイミングで、ざあっと雨が降り始めた。

十三階

数年前の六月。Ｍ氏が友人宅のマンションへ遊びに行った時のこと。

Ｍ氏は夜中に喉が渇き、飲み物を買いに行こうと友人宅の部屋を出た。すると、共用廊下の蛍光灯の下――向かいの部屋の前に老夫婦が立っている。こんな深夜に何をしているのだろうか。

二人はＭ氏の方を振り返った。目の下には真っ黒な隈（くま）がある。

「すいません。ちょっといいですか」

老夫婦が声を掛けてきた。向かいの住人だと言う。

二人は自分たちの部屋を指さしてこう言った。

「ここ……出るんですよ」

話を聞くと、老夫婦は四月にその部屋へ引っ越してきたのだが、そこは以前、若い女性が飛び降り自殺をした現場らしく、その女性が毎晩出るのだという。

「ちょうど今も、その女が部屋にいるんです……」

Ｍ氏は気味悪くなり、すぐに友人宅へと戻った。

「おい、向かいの部屋、幽霊が出るらしいよ」

Ｍ氏が友人にそう言った瞬間、バンッと音がして部屋の電気がすべて落ちた。

原因は不明。闇の中、Ｍ氏は友人と怯えながら朝まで過ごしたという。

翌日、Ｍ氏が帰り際に向かいの部屋の扉を見ると、扉の上に小さな赤い字で梵字のようなものが書かれていた。何かの呪文だろうか。それが何を意味しているかわからない。

ほどなくして老夫婦は引っ越して行った。その後、何人かの人がそこへ住んだが、皆すぐに出て行ったという。

そこは東京Ｋ区にある集合住宅の十三階。

現在は、外国人が一人暮らしをしている。

体育館

春菜さんは小学生の頃、学校で奇妙なものを見た。

それは朝早く体育館へ行った時のことだ。入り口の扉が十センチほど開いている。その隙間から、マネキンのような白い手が、すらりと外へと伸びていた。春菜さんが近づくと、突然その手はジャンケンをするかのように、グー、チョキ、パーの動きを繰り返し始めた。手の動きは徐々に速くなる。いつの間にかそれは、早送り映像のように目で追えなくなるほどの速さになった。

春菜さんがぎょっとしていると、その手はピタリと動きを止めた。

固唾(かたず)を呑んで見ていると、それはスッと体育館の中へと消えていった。

彼女が恐る恐る体育館の扉を開けると、中には誰もいなかった。

サイレン

麻穂さんが昼食のパスタを茹でていたら、鍋から下手なラッパのような音がし始めた。蓋を取ると煮立った湯の中に麺と絡まりながら小さな救急車が浮いている。音はどうやらサイレンらしいが、妙に間延びしたうえに歪んでいた。

あわててお玉で掬（すく）ってシンクに置くと、救急車はサイレンの音を正常にもどしながら走り出し、排水口に飛び込んで忽然（こつぜん）と消えてしまった。

そのとき窓の外からも救急車のサイレンが聞こえてきた。

それはしだいに近づいて、麻穂さんの住むマンションの前で停まった。

最上階の住人がベランダから転落した事故を知ったのは、その数十分後のことである。

「切」

十代の頃に川城さんは九才の従弟と叔母の三人で、Y市の親戚宅へ行った。

叔母の運転で釣り堀や市場などに寄り道しながら向かっていると、従弟が急に腹痛を訴えだした。両手で腹を押さえ、「おなかがちぎれる」と身をよじりだす。

「はやく、ちぎれる、ちぎれる」

急かす従弟に叔母は苛立った声で、「さっきのお店でトイレに行っとかないからでしょ。あと十分くらいだから我慢しなさい」と厳しい言葉を放った。

するとそれまでウンウン唸っていた従弟が静かになった。彼の足元には黒いものが溜まっており、そのあたりから、ぷぅんと大便の臭いがした。

従弟は腹を押さえたまま前屈みで動かなくなり、顔は真っ白だった。

叔母も異変に気づいて車を停めて声をかけたが、従弟の意識はない。漏らした便には血が混じっていたので、すぐ病院に向かった。

従弟は臓器に炎症が見つかり、そのまま十日ほど入院し、何らかの理由で転院したその日に亡くなった。

多くは五十代から発症し、十歳以下が罹るのは稀という病気であった。

数ヶ月後、あの日に向かう予定だった親戚の家があるＹ市に、偶然にも死んだ従弟の名が入った地名があることに気づいた。

その地名は従弟の名前の後に「切」の字が入っている。

そこがまさに、従弟が腹痛を訴えた場所であった。

おじいちゃん

葉月さんは夫の父親と同居している。

双子の娘レナちゃんとラナちゃんは、義父が帰ってくると「おじいちゃんこわい」と言って逃げまわる。

確かに漁師という仕事柄、喋り方も粗野で、顔も厳めしい。だが、孫娘にはだらしないくらい甘い顔を見せる、普通のおじいちゃんだ。

娘たちも、そんな義父のことが大好きなはずなのである。

だが、義父が仕事を終えて帰ってくる時だけ、玄関での出迎えを拒み、物陰に隠れてしまう。

考えられる理由は――。

義父は売り物にならない小魚を、味噌汁の出汁用にと毎日ビニール袋一杯に持ち帰る。種類の違う銀色の小魚がうじゃうじゃと蠢(うごめ)く様を娘たちはひどく気味悪がり、そのせいか魚嫌いになってしまった。つまり、娘たちは義父がこわいわけではなく、大嫌いな魚をたくさん持ち帰った時の義父を怖がって、「おじいちゃんこわい」と逃げまわるのだ。

そう、葉月さんは思っていたのだという。

ところが、ある時に娘たちの放った言葉から、そうではないとわかった。

「あのね、そのおじいちゃんがね、うちのおじいちゃんと一緒にくるのがヤなの」

「そのおじいちゃんの手ね、まっかっかだからヤなの」

「そのおじいちゃんがこわいの」

「お祖父ちゃん」ではなく、義父とともに帰ってくるという、まったく知らない「おじいちゃん」のことを娘たちは恐れていたのである。

もちろん、そのような人物はいない。

かなり昔の話だが——その家の向かいに住んでいた高齢の男性が、ひと回り歳下の妻を包丁で刺した事件があった。葉月さんが嫁いで来る前のことなので、娘たちに見えている老人とは関係がないと思いたいそうだ。

むおん

タカコさんの同僚に「怪談が三度の飯より好き」と公言して憚らない男性がいた。

彼は怖い話であれば見聞きするのも語るのも好きらしく、おりにふれては手持ちのネタを披露してくれる。とりわけ、男性自身が体験したという〈赤ちゃんの舌〉なる怪談は、「何度聞いても鳥肌が立つ」と部署内でも評判だった。

もっとも、タカコさんはその中身を知らない。

聞いている途中で、きまって耳が聞こえなくなるからだ。

「で、布団に入ったままおそるおそる目を開けたらさ、異様に足の細い女が……」

と、そこまで同僚が言った瞬間、かならずラジオのスイッチを切ったように周囲の音がすべて消えてしまうのだという。

静寂のなか、彼は口をぱかぱかと動かし続けている。やがて数分後、話が終わると同時に聴覚が戻り、ほかの社員が「怖かったあ」と叫んだり息を飲んだりしている。何度かそんなことがあって「聞こえていないのは自分だけだ」と気がついた。

たぶん、これは〈聞くな〉という警告に違いない——そのように自分を納得させ、いまではすっかり諦めているものの、「それでもひとつだけ腑に落ちないんです」と、彼女は首を傾げる。

「半年前に〈赤ちゃんの舌〉を聞いたとき、唇の動きを読み取ろうとしたんですよ。自分だけ知らないのがちょっと悔しくて。ところが彼ね、おなじ台詞を繰りかえしているんです。〝おべきゃおべきゃおべきゃ〟とか〝ごぜびゃごぜびゃごぜびゃ〟とか、そんな単語を言っているようにしか見えないんです。もし、そうなのだとしたら」

ほかの人は、なにを聞いているんですかね。

いったい、なにを怖がっているんですかね。

工事

智代美さんが小学生の頃、春休みに家に一人でいたら作業服を着たおじさんが訪ねてきた。

大人が誰もいないことを告げると「今日、家の前の道路で××工事をしますので」と言っておじさんは紙を一枚置いて帰っていった。××のところは聞きとれなかったという。紙には難しい漢字や数字がたくさん並び、赤いバッテンのついた地図が描かれている。バッテンの位置が工事現場なのだろう。

だがいつまで経っても工事の音が聞こえてこない。智代美さんは時々窓から外を確かめたが、重機も作業員も見当たらなかった。

何度も確認していたらさっきのおじさんが道に立っているのを見つけた。でもなんだか変だと思い、じっと見ていたら大変なことに気がつく。おじさんの腕が四本あるのだ。上着の袖が四本あってそれぞれの手でペットボトルを持ち煙草を燻（くゆ）らせ、携帯電話をいじり自分の顎（あご）を撫でている。

あわててカーテンを閉めたが、その音で気づかれたかもしれない。母親が仕事から帰ってくるまで智代美さんは生きた心地がしなかった。

一時間ほど後に帰宅した母は家の前には誰もいないと言い、おじさんから渡された紙を見せると首をかしげた。

広告の文面を出鱈目(でたらめ)に切り貼りコピーしたもので、内容に何の意味もなかったそうだ。

好みのタイプ

「好きなタイプは、霊感のある人」

田辺さんがバーで飲んでいると、横に座る女性が、酔った勢いでそう口走った。

小さい頃から、人に見えないものを感じる体質だった田辺さん、「それなら僕ですね。霊感あるんですよ」と冗談めかして言うと、女性は目を輝かせて話に喰いついてきた。

結局、それが縁となり、田辺さんは女性とデートをするようになった。

三度目のデートの帰り道、「私の部屋に来ない？」と女性のほうから誘われた。

瀟洒（しょうしゃ）なマンションの一室に入ると、白い家具に囲まれたリビングの真ん中には――。

右半身の潰れた、血塗（ちまみ）れの男が立っていた。

田辺さんが半ば腰を抜かして悲鳴を上げると、女性は嬉しそうに彼に抱きついてきた。

「昔、事故現場を横切ってから、ずっと憑かれ続けてるの。何をしても祓えないから、私の恋人は、コレが見える人じゃないとダメなんだぁ」そう言って微笑んだという。

「それが妻だ」と語る田辺さん。「今でも血塗れの男は自宅に居るけれど、夫婦というのは、そういう苦楽を共にするものだろう。お前には、そういう辛抱が足りないぞ」と、当時離婚したての私を捕まえて、得意げに延々と語っていた。懐かしい記憶である。

ナンパ

勇さんはその日、街中でナンパした女の子を連れてホテルへ向かった。

ホテルへの道すがら、この女の子が曲者で、やたらと恥ずかしがって手を繋がせないばかりか腕組みも拒否する。肩や腰にまわそうとした手も巧みに避けてしまい、まったくボディタッチをさせてくれない。

接触を避けるほど彼のことが嫌いなのかと思いきや、女の子はつかず離れず距離を保って一緒にいる。ラブホテルが立ち並ぶことで有名な坂を歩いているので、一応は彼に気がありそうだ。何を考えているかわからないが、若い娘はそんなものだろう。

彼が坂の途中にあるホテルの門をくぐると、女の子もにこにこ一緒についてきた。

情欲に逸る本心を悟られてはいけない。せいては事を仕損じる。気持ちを鎮めようと廊下にあった姿見に目を遣って身だしなみを確認したとき、彼は強烈な違和感を覚えた。

鏡に彼一人の姿しかない。

横にいるはずの女の子が映っていない。

「ふふっ、気づいちゃったァ?」

蓮っ葉な調子の声が彼の耳朶を打ったとき、女の子はどこにもいなくなっていた。

木乃伊

鹿野さんの家は昔から大地主だ。広い敷地内に大小二つの蔵がある。

大きな蔵には、骨董品や美術品など金目の物が詰め込まれている。

鹿野さんが好きなのは小さい方の蔵だ。古民具が雑然と積み上げられているのだが、用途不明なものが多いのだ。

使い方を想像しながら、日がな一日過ごす。鹿野さんにとって至福の時だ。

その日も鹿野さんは朝から蔵にこもり、あちこちほじくり返していた。

一階の奥まった場所で、漆（うるし）塗りの箪笥（たんす）を見つけた。

引き出しを一つずつ開けてみる。殆どが空だったが、一つだけ妙な物が残っていた。

色褪せた紙袋に、墨で木乃伊と書いてある。中身は小袋が五つ。

褐色の粉が入っていた。

大急ぎで部屋に戻り、辞書で調べてみる。木乃伊はミイラのことだと分かり、鹿野さんの興奮は最高潮に達した。

万病に効く薬として飲んだらしい。効果を試してみたいが、自分でやるのは嫌だ。誰かに飲ませたい。

頭に浮かんだのは祖母である。鹿野さんは、祖母が常用している粉末の胃薬に木乃伊を混ぜておいた。

翌日、朝食の場で祖母が顔をしかめて夢の話を愚痴り始めた。

「怖かったわ。枯れ木みたいに痩せ細った人が、私の口から出てくるの。喋ってるのが変な言葉だから、何言ってるのか分かんないのよ」

その人は散々怒鳴った後、また祖母の口をこじ開けて体に入っていったそうだ。

その日以降、祖母は眠るのを恐れるようになった。

それでも体は丈夫で、九十五歳まで生きたという。

びたびた

一時期家庭の事情で、和歌山県内にある親戚の寺に預けられていたことがある。

その寺に住んでいた時、山が鳴っているのではないかと思うくらい、風の音が煩い日があった。

夜になっても風は収まらずビュービューと吹き付け、古い寺だったので、風の音だけでなくギシギシと木が鳴る音もして、なかなか寝付けなかった。

座敷に敷かれた布団の中で、天井の麦球のオレンジ色の灯りを眺めていると、叔祖父（祖母の弟）が、祖母と誰かと隣の部屋で話している声がした。

「びたびたが来てるな」

「そうだな」

「最近多いな」

それを聞いて、びたびたって何だろうと思ううちに眠くなってきた。

風と家鳴りの音を聞きながら眠り、気がつくと朝になっていた。

朝食を済ませた後、私は本堂にいた叔祖父に「びたびたって何？」と聞いた。

硝子障子が嵌め込まれた戸をピシャリと閉めると、叔祖父がこう言った。

「山に飲まれた人が出ると、来る者だ。山は人を飲む、飲むと乾くから人を呼ぶ。びたびたは、バスが落ちて山で死人が出てから、時々この辺りでも見るようになった。昨日も山の方におったらしいから、誰かが山に飲まれたんだ。だから、お前も山では死ぬな」

叔祖父がいつもと違う人に見えて怖いと感じた。

寺にいると、叔祖父が時々山に向かって読経している姿を見かけることがあったのだが、それがびたびたと関係していたかどうかは分からない。

そんな彼は昨年、鬼籍に入った。山の入り口で数珠を握りしめたまま亡くなっていたそうだ。

路地

横浜に住む友人宅を訪れた時のことだったという。

初めて行く場所だったため、スマートフォンで地図を見ながら歩いていた。

気がつくと狭い路地を歩いている。道に迷ったのかも知れない。

手元の地図に集中していると、目の前を横切る人とぶつかった。

「すいません」

視線を上げると、全身に墨を塗ったような黒い人が歩いていた。

「気をつけろ」

顔のないその影は、そう言うと塀の中に消えて行った。

そこには、古い祠が祀られていた。

エコバッグ

琉球神道の占い師である朝野さんは、たまに変なものを見る。

先日、駅前のスーパーで野菜を見ていると、同店でよく見かける女性客が横にきた。

いつもは夫婦仲睦まじく買い物をしているが、珍しく夫人一人だった。

肘からかけた白いエコバッグから、長ネギと白い腕が出ている。

ぎょっとしつつ、横眼でそれを見ていると、朝野さんの視線に気づいたのか、夫人はエコバッグを反対側の腕に持ち替えた。しかし、〝腕〟の位置は変わらず、まだそこにある。

〝腕〟は夫人の右脇腹から生えており、そこにエコバッグが重なっていたため、ネギと一緒に入っているように見えたのである。

腕は男性のもので、旦那のものだろうと思われた。

夫婦間になにか、よくないことがあったのだろうと心配になったという。

夏の宿

蓬莱（ほうらい）は学生時代、予約せず人気の島に出かけた。島の観光協会に直接当たれば、何とかなるだろうと高をくくったのだが、完全に当てが外れた。このままでは野宿になると必死になって一軒ずつ宿を回ったが、全滅。仕方なく浜で寝るかと座っていると最後に回った宿の主人が相部屋で良いならと声を掛けてくれた。勿論、文句などあろう筈がない。喜んで付いて行くと主人は宿ではなく浜伝いに進んでいく。

そして隅にある船道具などをしまっておく納屋に彼を案内した。

「なんか昔の時代劇にあるような粗末な小屋だったけど、ありがたいと思ったよ。値段も普通の宿の半額だと云うしな」

蓬莱を案内した主人は翌朝、宿で名簿に記帳するように云うと去って行った。

相部屋になるのは同じように宿を取りはぐねた東京のサラリーマンだという。確かにその人の物らしい荷物が壁の両サイドに並べられた簡易ベッドの上に置いてあった。

蓬莱も空いている方で横になった。大きめの豆電球のようなものが真ん中から下がっているだけの小屋だった。前夜が慣れぬ船中泊であり、一日中朝から歩き回っていた蓬莱は波の音に耳を傾けているうち、いつのまにか寝入ってしまった。

深夜——人の気配で目が覚めた。きっと相部屋の人なのだろう。呑んできたのか随分と太い鼾（いびき）を掻いていた。照明は消え、小屋の中は板塀の隙間から入る月光以外は掌も定かで無い程、闇に呑まれていた。

ぶおぉぉ……ぶおぉぉぉぉ……。

何度も寝直そうとしたが鼾がうるさい。しかも、相手はベッドではなく蓬莱の脇で倒れるように寝ていた。

しかも、鼾の合間に、舌をぺちゃぺちゃ動かすような妙な音がした。

「潮臭いっていうか、なんか生魚の腐ったみたいな臭いもしてな」

我慢できなくなった蓬莱は相手が熟睡しているのを良い事に男の躯を向こうに押し退けようと足で押した。どぷりと生温かい泥に呑まれたように踝（くるぶし）までが埋まった。

え？　と思った途端、それが起き上がり隙間から延びる明かりの中でこちらを向いた。

舌を吐き出し腐敗ガスで膨張した土左衛門（どざえもん）だった。

——気づくと蓬莱は波打ち際に座っていた。

翌朝、小屋に戻ると気のよさそうなサラリーマンが「昨日は島の居酒屋で酔い潰れてしまって」と頭を掻いた。

やかん

ええ、テレワークが五月から続いています。秋までは週に一度だけ出社する状況で、いまは週の半分が在宅です。いちばん助かったのは会議ですね。ほかの会社はどうか知りませんが、ウチはリモート会議になってから進行がスムーズになりました。

でもね——納得いかないことがひとつだけありまして。

会議中に何度も同僚から「うるさいからヤカン止めてきな」って言われるんです。なんのことだと思ったら「私のマイクからピイピイと音がする」って。つまり台所でヤカンをかけっぱなしにしていると勘違いされたんですね。

私、ヤカンなんか持ってないんですよ。お湯は電気ケトルで沸かすんですよ。マイクがハウリングを起こしているのかなと思ったんですが、音響に詳しい同僚に「構造上ありえないから」と断言されて。だから、いまだに音の正体は謎なんです。

こんな話でいいんですか。お役に立てたなら嬉しいですけど。それにしても怪談の取材もリモートでおこなう時代なんですね。面白いなあ。

え。

「いまもスピーカーから流れているけど」って——ヤカンの音がですか。いえいえ、こちらはなにも聞こえませんが。ええ、はい、はい。

あの、「ヤカンじゃないかも」とは、どういう意味でしょう。

細くて長い——悲鳴ですか。

ウソ、怖がらせようとしているんでしょ……本当ですか。いまも続いていますか。あの私、どうすれば良いんでしょう。この部屋なにが（ここで通信は途絶え、画面がフリーズする。高い音だけが延々と流れている）

首を投げる女

郷土史にくわしい、フジオさんが教えてくれた話である。

江戸時代前期。伊達政宗の息子、忠宗が治めていた仙台のできごと。

進藤勘四郎という武士が夜更けに帰宅すると、杉の樹上から「勘四郎、勘四郎」と呼ぶ、女の声がした。上を見ると、散らし髪に白い着物の女が、生首を二十か三十ほど、矢継ぎ早に投げつけてきた。最初は面食らった勘四郎だが、豪胆さを取り戻し「望むところだ」と首を受け止めようとした。その瞬間、女も、ごろごろ転がっていたはずの生首も、消えてなくなった。

なお、勘四郎の過去や因縁、その後どうなったのかについての伝承は残っていない。

縁側に座って、お茶をすすりながら、ここまでフジオさんは話してくれた。

私も見たことあるんですよ、と彼は笑顔で続けた。

雪の降った夕方、フジオさんが帰宅すると、玄関のひさしの上から、積もっていた雪の塊がばさりと落ちてきた。

真っ逆さまに落ちてきたのは、女の頭だった。一瞬、フジオさんと目が合うと、地面に落ちて砕け散る。周りを見ると、飛び散ったのは血ではなく、真っ白な雪に過ぎなかった。

あれを見たのは、勘四郎の話を知った翌日でした、とフジオさんは言った。

彼の苗字はここには書かない約束だが、「進藤」ではない、ということだけは書く許可をいただいている。

砂遊び

外回り営業の合間に、公園のベンチでひと息をつく。

すぐ側にある砂場では、五、六歳の可愛らしい女の子が、手に持ったスコップで、砂を掘っては埋める、掘っては埋めるを繰り返しながら遊んでいる。

親や友達は近くにいない。一人で黙々とスコップを動かしているので、つい気になって様子を見ると、傍（かたわ）らに置いたバケツから、何かをつまみ出しては砂場へ埋めている。

中身を覗き込むと、虫や蜥蜴（とかげ）、鼠（ねずみ）の死骸などがぎっしりと詰まっている。

お墓を作っているのだろうが、砂場に埋めるのは感心しない。「迷惑になるから、別の場所にしてごらん」と声をかけたが、女の子は俯（うつむ）いたまま返事もせず穴を掘り続ける。

ねえ君、ともう一度言いかけたところで、女の子はバケツの中から、人の形をした白い紙を取り出し、それを地面に置くと、何度も激しくスコップで突き刺しはじめた。

そして、ぼろぼろになった人型の紙を砂場の穴に埋めると、突然くるりと振り向いて、「七年後のお前だよ！」と低い声で叫び、ギャハハハハ、と大声で笑った。

こちらを見上げる女の子の瞳は、深い穴のように真っ黒だったという。

今は亡き、宗次郎さんから聞いた話である。

罪悪感

上京して間もない頃、佑里香さんはアパート前の私道で「ちょっと、ねえ、ちょっと」という女の声をよく聞いた。

他に道を歩いている人はいないし、沿道の庭や窓にも人の姿はなかった。いずれにせよ自分を呼んでいるわけではないと思うが、たびたび聞こえるから気味が悪い。

大学の飲み会で深夜に帰宅したときも声を聞いた。その際佑里香さんはびっくりして大きな音をたてて転び、近所の家から人が出てきて「大丈夫ですか?」と心配されてしまった。声はどこから聞こえたのかわからないままだった。

その数日後、私道の隅で死んでいるヒキガエルを見かけた。車に轢かれたのかと思ったが、何か刃物のようなもので十字に切り分けられているのがわかったという。

以来、佑里香さんはその道で誰かに声をかけられることがなくなった。

ただそんな記憶があるわけでもないのに、彼女はヒキガエルを殺したのは自分のような気がしてならないそうである。

蛍光グリーンの蛇

慶さんが小学生の頃のこと。学校の帰りに仲良しのエイちゃんと山で遊んでいたら、目の覚めるような黄緑色の蛇が地面を這っていた。

蛇の鮮やかな体色を見て、毒蛇かもしれないとひるんで慶さんは手を出さなかったが、エイちゃんは「わぁキレイ!」と掴もうとして咬まれてしまった。

瞬く間に、咬まれたエイちゃんの左手が腫れあがった。急いで帰ろうと下山するうち、全身がぶよぶよと赤黒く膨れあがったエイちゃんは、面相まで変わり果ててしまった。

喉の中まで腫れたのか、〈ぶぅぶぅ〉と蝿の羽音のような声を出しながらエイちゃんが抱きついてきた。普段の倍ほどにも膨張したエイちゃんにのしかかられて、慶さんはあまりの重さに身動きできなくなった。

放して、離れてと懇願しても、エイちゃんは慶さんに体重をかけてくる。その体重は、以前、親子でプロレス中に父親に上に乗られたときの重さを遥かに超えていた。

このままでは潰されて死んでしまう。慶さんが必死で突き飛ばすと、エイちゃんは〈ぶぶぶぶぶ!〉と叫びながら山道を外れて急な斜面を転がり落ちていった。

大変なことをしてしまった! 助けねばと下方を覗き込んだが、エイちゃんが落ちた先は地割れのようになっていて底が見えないくらいに深く、姿を確認できなかった。

もしかすると、エイちゃんを死なせてしまったのかもしれない。

泣きながら山を駆け下り、帰宅した彼が息を弾ませて母親に一部始終を打ち明けると、まずエイちゃんの家に連絡しようということになった。

母親が電話をかけたところ、すぐにエイちゃんの母親が出た。

「息子なら、うちにいますけど」と言われて電話を換わると、山の割れ目に消えたはずのエイちゃんが朗らかに応答した。

「今日は一緒に遊んでないよね？　僕、まっすぐ家に帰ったもん」

わけがわからなかったが、慶さんが白昼夢でも見たのだろうということに落ち着いた。

翌朝、慶さんが学校に行くとエイちゃんも元気に登校していた。

「でも、エイちゃんの顔が昨日までと全然違ってて、体も一日でものすごく太っていた」

元のエイちゃんとは似ても似つかない顔になっていたのに、先生もクラスメートもその子をエイちゃん扱いしていた。

慶さんは不気味に感じ、変わり果てたエイちゃんと疎遠になっていった。

本物のエイちゃんは、まだあの山中にいるのかもしれないと慶さんはときどき思うことがある。

目撃者多数

三橋さんが同僚たちとハイキングに行ったのは、去年の秋である。行き先に選んだのは、県境にある河原。交通の便が良いわりに、人があまり訪れない穴場であった。

食事を終え、それぞれが思い思いに時を過ごす。

西沢という男性が、茸を見つけてくるといって山の斜面を上っていった。

しばらくして西沢は、興奮した様子で降りてきた。大量の松茸があったというのだ。

「ほら、これ」だが、その手の中には茸どころか何も入っていない。

「おまえらにはやらんぞ。欲しかったら自分で取りにいけ」

誰も動こうとせず、その日のハイキングは終了した。

西沢は、嬉しそうに駅に向かう。大量だ、松茸だ。まだ言っている。

その背後に、得体の知れない茶色の人影が着いていく。

後から確認できたことだが、この人影を全員が目撃していた。

口に出すと、自分に着いてきそうで黙っていたという。

西沢は翌日から欠勤している。

誰も様子を見に行こうとしない。

三度目の家出

十代半ば頃に光枝さんは三度家出をしたことがある。

最初と二度目は友達の部屋に隠れていて数日でもどったが、三度目は知り合ったばかりの二十代の会社員の男のマンションにひと月ほど居ついていた。

その男には妙な癖があり、仕事から帰ってくるとしばらく玄関で突っ立ったまま目を閉じてぶつぶつ言っている。何してるの？　と訊いてもはぐらかされるが、やがて光枝さんはその部屋で誰もいないのに咳(せき)の音がしたり、足音や煙草の匂い、さらには肩や肘に触れる感覚までですることがあった。

アニメを見ていたら金縛りにあって動けなくなり、テレビから画面と無関係な女の怒鳴り声が聞こえてきたときはこのまま殺されるのではと思ったそうだ。

もう家に帰ると告げると男は止めなかったが、最後に急に玄関マットを指さすと、

「実はここで死んだ女がいまだにわかってくれなくてさ、ほんとそいつ物わかり悪くて」

死んだのおれのせいじゃなかったのにいくら言い聞かせてもぜんぜん駄目。俯いてそうつぶやきながら肩を震わせる男の顔を覗き込むと、満面の笑みだったという。

ジャッキー

大阪の四条畷に住む、中学時代からの知り合いのNさんから聞いた話。

初めて彼氏が出来たんは、短大に通ってた時で、二つ年上のD大学に通ってる人やってん。その人がな、ちょっとというか、かなりヤバイ人やったの。

何回かデートして、そしてその人の下宿に行くことになったんやけど、ベッドで二人して腰掛けて話していいムードになった時に急にな、こんなこと言い始めてん。

「あのな、俺、もしかしたら、ジャッキーに変わってしまうかも知れへんねん。これから変な行動起こしたり、変なこと言い始めたらな、引き出しの二段目にお酢が入ってるからそれ、口に含んでぶっかけてくれ。そうしたら元に戻れるから、俺、凄い緊張するとたまにジャッキーになんねん」

「なんやそれえ」って、笑って、いちゃついたりしてたらな、急に彼氏がぶるぶる白目剥いて「オレハ　ジャッキーヤ」って言いだして。

最初は「なんやのそれ、面白すぎるし」って言っててんけど、ずっと小刻みにぷるぷるが止まらんで、それ以後何話しかけても反応が無かってん。仕方ないから、冗談にしても面白くないなって思って、そのまま放って帰ってんよ。

そんでな、翌日の昼に親から電話かかって来てん。

なんか昨日、あたしの番号からかかって来た電話の留守電で「アタシ　ジャッキー」とか言うメッセージ残ってたけどあれ、なんなん？　って。

そんな電話した覚えなかったから、発信履歴確認してみたら親の家にわたし二回も電話かけとってん。これはヤバイっていうか、あいつのせいやと思って彼氏に電話したらな、お前が俺がおかしなった時に、口に含んでお酢をぶっかけへんかったんが悪い。お前に今ジャッキーが伝染して困ってるなら、今すぐお酢を瞼の上に塗って、舌べえ出して鏡に映せやっとか言ってて、そんなん面倒やって言うて、せんかったらジャッキー出てかへんでって。

結局、言われたことは何一つやらんかってんけどね。

その彼とも会わなくなってしもたし――。

ジャッキーの変なことが起こったんはあれっ切り。それにしてもあの彼氏は何やったんやろうなあ。

晩酌相手

直子の楽しみは、居間で晩酌をすることだ。

五年前に離婚してからは、実家で暮らしている。久しぶりに帰ってきた実家は、居間が少し広くなっていた。親が言うには、敷地の空いた場所を埋めるように家を増築し、居間を拡張したのだという。

ある日の夜。家族が寝静まった後に独りで晩酌をしていると、居間の隅の床板がずれているのが見えた。そこは増築をした場所である。施工業者が建て付けに失敗したのだろうか。直子が床板を外すと、そこには床下から上に向かって伸びる一本の管があった。

直径三センチほどの灰色のパイプで、上部の先端は閉じられておらず穴が開いている。

「なんだろう？」

直子は、その管がとても気になった。

最初は不気味に思うところもあったが、夜中に独りで晩酌をしていると、時々ふとその管を思い出す。そんな時は床板を外し、その管を見ながら酒を呑むようになっていた。

ある時、直子はその管の穴に耳を近づけた。

——オオォォォォオ……。

地の底から、低い唸り声のような音が聞こえる。

直子は、持っていた日本酒を管の穴に垂らした。すると、頭がゆっくりと酩酊してゆくような感覚に襲われ、心地よい陶酔感に満たされた。

それ以来、直子はほぼ毎晩その管の前で晩酌をしている。

「とても落ち着くし、心地良いですよ。その管を見ていると、全身を何かに包み込まれているような気持ちになるんです。たまに耳を当ててると何か聞こえるし。楽しいですよ」

その管の下には、施工会社が埋めるのを拒んだ古い井戸があるのだという。

心配

ふと、駅のホームにある時計を見て、（傾いているなぁ）と思ったのが兆候であった。

轟木さんは急な目眩と吐き気に襲われ、その場に座り込み、しばらく立てなくなった。

そばにいた女性が心配してずっと声をかけてくれていたが、「大丈夫っすから」と自力で立ちあがって、なんとか改札を出た。

――そのあたりまでは記憶があった。

気がつくと、轟木さんは自宅の床の上で毛布にくるまって寝ていた。ズボンのポケットにはタクシーの領収書があったので、自分でなんとか帰ってこられたようだ。

スマホには勤め先からの着信履歴がある。電話で上司に事情を説明し、この日は休みにしてもらった。


翌朝、体調は回復していたが、念のために病院へ行った。とくに異常らしい異常は見つからなかったので午後から出社した。

上司に謝りに行くと、「いつ彼女できたんだ」と冷やかされた。

なんの話ですかと聞き返すと、轟木さんが会社に連絡をしてきた時、彼の声の後ろでずっと「大丈夫?」という女性の声が聞こえていたのだという。

しかし、轟木さんは独り暮らし、それどころか、女性との交際経験はまだない。

心当たりがあるとすれば、ホームでずっと声をかけてくれていた女性であるという。

事故のお礼

浩紀さんは、よそ見運転したまま交差点へ突っ込み、人身事故を起こしてしまった。

相手は一命をとりとめたものの、脊椎（せきつい）を損傷して回復する見込みはなく、まったく歩くことができないまま、生涯、車椅子生活を送ることになった。

ところが事故相手の男性は、賠償金はいらない、という。

それどころか、病室へ頭を下げにいった浩紀さんに、男性は「ありがとうございます」と笑顔でお礼を言ってきた。奥さんや子どもまで、彼に感謝の言葉をかけてくる。

「三年前、私も事故を起こしましてね。女性を轢（ひ）いてしまったんですが、家族の顔が浮かんで、こともあろうか逃げてしまった。女は、許してくれませんでしたよ。それからずっと、私と家族にまとわり憑いて、毎日、苦しめられてきたんです。でも事故に遭ってから、あなたのおかげで女の姿が消えまして」男性はそう嬉しそうに話した。

そして、去り際の浩紀さんの背中に向けて、男性は「だからもう、お見舞いには来ないでくださいね。その女は、あなたにおまかせしますので！」と甲高い声で叫んだ。

今では浩紀さんにその女が憑いており、毎夜、苦しい呻（うめ）き声を聞かせてくるという。

「僕のことも、誰か轢いてくれませんかねえ……」と、浩紀さんは暗い声で呟いた。

写メ

ひろみさんのスマホには毎年、拒食症が原因で自殺した元同級生から写メが届く。

中身はいつも同じ、中学校のトイレでカメラに向かって弱々しく微笑んでいるものであった。何度、機種を変えても必ずそれは届いた。遺族にも携帯会社にも相談をしたが原因が全くわからない。遺族はそんな写真のあることすら知らなかったと云うし、携帯会社も一通りの調査をしてくれた後は事実上、ほったらかしにされている。

自殺という悲劇でなければ、寂しさを感じさせるだけで年に一度、消去すれば良いだけと割り切れたかも――。

それと、その写真がトイレで便をほおばらせた直後のものでなかったら。

怒声

ひとりの女性が「一昨年の出来事です」と、こんな話を教えてくれた。

ある夜の帰り路、正面から若い男性が近づいてきた。男はスマホを手に喋りながら歩いている。誰かと通話しているらしいが、ヘッドホンを装着しているためか、声がやけに大きく荒っぽい。怒っているようにも聞こえる。「酔っぱらいかな」と警戒し、彼女はとっさに脇へ寄り、男をやりすごした。と——すれ違いざま、

「おいっ、おいっ、ぎづげっ、ぎづげよっ」

お喋りに混じって男の話す声とは、まるで別な声が聞こえた。

むろん周囲には誰もいない。ヘッドホンに遮られ、男はまるで気づいていなかった。「あ、怒声の正体はこれか」と納得しつつ、遠ざかっていく背中を見送る。

あの人、無事ではすまないだろうな——と直感した。

以来、耳を塞ぐのがなんだか怖くなり、彼女はヘッドホンを使っていない。

一目瞭然

夜ふけに窓がコツコツと鳴っていたので、Tさんはなんだろうと布団を出てカーテンを開けにいったらベランダに知らない男が立っていた。

でも男の頭は鼻から上がさくっと切り落とされたようになかったので、ストーカーではないとわかり彼女は布団にもどって朝までぐっすり眠ったそうだ。

「ひと目でわかるタイプはほんと助かります。生きてるか死んでるかはっきりしないのが一番困るんですよね。判断が難しいときは警察に通報する前に、いちおうマネージャーに電話することになってますけど」

アイドルとして活動している、霊感の強いTさんはそう語っていた。

人馬一体

趣味のハードロックバンドでギターを弾いているケンジさんは、悪夢を見たときのことについて話してくれた。

ある休日、ケンジさんは愛用のエレキギターの弦を張り替え、スタンドに立てかけておいたのだという。

ケンジさんのギターは、ナットで固定するロック式トレモロユニット（アームを操作して音程を激しく上下させる装置）がついているので、弦交換とチューニングがとても面倒なのである。

面倒な作業を終えて、神経の疲れたケンジさんは、ベッドに横たわってしばし昼寝をすることにした。

気がつくとケンジさんは、黒服にサングラスの男たちに捕まって、拷問されていた。

どことも知れない薄暗い部屋の、コンクリートの床の上で、うつぶせに押さえつけられ、左手を背中の上でねじり上げられる。

人差し指をつかまれる。ぽきんと音がして、指が折られた。痛い、ような気がして絶叫しようとするが、声が出ない。続いて中指が折られた。薬指も折られた。小指まで折られた。やはり声は出ない。痛みがあるのかどうかよくわからなかったが、左手に強烈な違和感と不快感を覚えていた。

男たちがいつの間にかいなくなっていた。自由になった身体を起こして、左手を見てみる。親指以外はすべて折られ、手の甲の方に向けて曲がっていた。

そこでケンジさんは目が醒めた。

冷や汗をびっしょりとかいていた。慌てて手を見ると、もちろんなんともなかった。

ほっと安心したものの、不吉な夢を見てしまったときのどんよりとした不快な気分で、ベッドから出る。

スタンドに立ててあったギターを見ると、弦が四本切れていた。

六本ある弦のうち、太い六弦のほうから四本切れていたのだった。

母からの贈り物

沙織さんはアパートの自室に本格的なトルソーを置いている。

「洋品店を営んでいた母から、就職祝いに譲られた逸品です。前の日の晩に着る服を決めてトルソーに準備しておけば、シワもよらないし、朝バタバタしなくて済んで便利なんですよ」

営業職の彼女には、通勤服を毎晩寝る前に準備する習慣があった。ブラウスからスーツの上下まで一式、トルソーに着せておくのだ。

「さすがに下着やストッキングは着せづらいですから、トルソーの下に小さな籠を置いて、ハンカチとかと一緒に畳んで入れてました」

その日の朝、目覚めた彼女は洗顔して朝食を採り、いざ着替えようとして異変に気づいた。

彼女が前夜トルソーに着せておいた着替えが上下とも、ぐっしょりと水浸しになっている。

濡れた衣服を検めようと、沙織さんがトルソーから脱がせたところ、水分は外からというよりも内側から染み出ているようだった。

彼女の目の前で、服を取り去ったトルソーの表面から水が数滴、涙のようにツーッと滲み出ては零れ落ちる。

「触ってみたら、トルソーが、びたびたに濡れていたんです」

就職してから二年ほど、毎日使ってきたトルソーである。もしも内部が湿っていれば、もっと早く気づくはずだ。

名状しがたい胸騒ぎを覚えながらも、沙織さんがクローゼットから予備の通勤服を出している途中で電話が鳴った。

「実家の父からで、母の死の知らせでした」

朝風呂に入る習慣のあった沙織さんの母親は、その日に限って長風呂をしており、父親が心配して様子を見に行ったときには浴槽に俯(うつぶ)せになって沈んでいたのだという。

「母がとても大事にしていた物だったから、トルソーが教えてくれたのかな……」

実家で葬儀を済ませた沙織さんがアパートに戻ったとき、あれほど濡れていたトルソーや洋服は、水濡れのシミ一つ残さずにからりと乾いていた。

はしご

植木屋やってると、たまに変な家ってあるよ。うん。

何年前だったかなあ――山形のはずれに■■■■って集落あるだろ。あそこの家へ剪定しに行ったんだわ。そしたら、庭のはじっこに蔵があってさ。くすんだ白壁の、どこにでもあるような古い土蔵だよね。ま、そりゃ農家だもの、蔵のひとつくらいはあるでしょ――って話なんだけど。

そこの外壁に、長い木の梯子が立てかけてあってさ。

「しまい忘れたのかな」と思ったんだけど、こっちだって脚立で作業するもんだから、そんなものあったら邪魔なのよ。それで、ひとまず地面に寝かせておいたんだよね。

すると、まもなくその家の旦那がこっちに駆けてきてさ。

怖い顔で「あんた、梯子を外したか」って言うんだよ。

「あれはウチの■■さまが出入りする梯子だから、外すな」って怒ってんだよ。

あ、■■さまってのは、そこの家の神さまみたいなモンらしいんだけど。

いやいや、信じないってば。そんなの「ハイ、わかりました」なんて言う植木屋、いるわけないじゃない。だから――笑ったの。冗談だとばっかり思ってさ。

途端に、がががががががっ、て音がしてさ。

ほら、工事現場なんかで重機が立てる金属音、あるでしょ。あんな感じの音だった。

驚いて背後を見たらさ――潰れてんだよ。

自分が持ってきた脚立が、ばきばきに折れちゃってんの。

アルミ製だよ。大人が乗っても大丈夫な代物なんだよ。

いやいや、信じるしかないってば。すぐに梯子をもとの位置になおして、その家の旦那が言うとおり、お酒と卵を供えて、手を合わせて詫びたよ。

おかげでその後はなにごともなかったけど――作業を終えたら、旦那が言うのよ。

「怒られるから■■さまの名前は他人に言うなよ。じゃないと」

あんたが脚立みたいになるよ――。

自分だけで抱えるのが我慢できなくて、今日あんたに言っちゃったけど――。

大丈夫だよな、なにも起こらないよな。な、な、そうだって言ってくれよ。

小道具

布津原くんが以前住んでいた部屋は、自宅兼貸しスタジオであった。自主制作映画を作っている友人が複数おり、よく撮影用に無料で部屋を貸していたそうだ。

彼の部屋はとにかく物が多い。

次回の撮影にも使うからと皆が小道具を置いていくからで、そうして預かっている物は他の監督の映画撮影に使われることも多かった。

その頃、布津原くんはイベントの手伝いなどで糊口を凌いでいた。

ある日、イベント内でやるショートコント劇で演者が使えればと、家にあった小道具をいくつか持っていった。その中に、いつ誰がどの撮影に使ったかも不明な、ずっと家にあった手作りのかつらがある。

かなり長く伸ばされた実毛から作られたもので、お化け役には最適だった。

スタッフは「助かります」と喜んでくれたが、結局、本番で使われることはなかった。

一応、預かり物なので返却してもらおうと楽屋に行ったが、先ほど渡したスタッフがみつからない。

関係者に問い合わせるが、貸した人から名前も聞いていないので探しようもなく、見つかったら連絡をもらうことにして、この日は帰った。

翌朝、ゴミを出しに行こうとすると、玄関の三和土に黒いものが落ちているのに気がついた。

あの、かつらであった。

ところどころ、毛先が焼けて縮れあがっている。

さすがに気味が悪くなり、その日、一緒にゴミで出してしまった。

共通点

十年近く前の話だ。

その日、私はとある廃屋の話の取材に向かっていた。

ところが、急にキャンセルを食らい、詳細が訊けないままになった。

それから半年後、全く同じ廃屋の話をしたいという女性が現れた。

妙なことに、この女性も土壇場でキャンセルしてきた。

大まかな粗筋(あらすじ)は聞いていたが、どちらも似たような内容である。

物凄い怪異が起こるとかではない。廃屋の中にすら入っていない。

「前を通りかかったら呼び止められた」というだけだ。今年になって間もなく、三度目の話がきた。

同じ廃屋、同じ内容である。結果として、またしてもキャンセルだった。

これを書くにあたり、もう一つ共通点があったのを思い出した。

話したいと仰っていた三人全員が、程なくして病死している。

廃屋の場所は分かっている。近くをうろついてみようかと思う。

終電後——始発前

前田さんが地方に単身赴任していた時代の事。接待でしたたかに酔ってしまった彼はそのまま下宿に帰る気にもなれず、いつも通勤で使っている駅のホームにやってくるとベンチで寝ることにした。深い意味はない、ただ酔いの脳味噌が『一度やってみたかった』というだけの理由である。夏の夜であり、虫の音がしていた。風が心地よかった。

ふと見るとホームの端に人が居た。辺りはまだ暗かったが、もう始発なのかと思った。人が集まる時間なら起きようかなと思ったが、まだ頭がフラつく——と、目の前に背広があった。右手にアタッシュケースを掴んでいる。

「もう電車来ますか」

前田さんは訊ねた、が返事はない。風に揺れる背広の裾だけが目の前にあった。

「ねえ」と少しだけ語気を強めて見ると頭の上半分が、齧られたように欠けていた。

ぎょっとして身構えた彼の耳に何処からか声がした——。

『ええ。来ますよ』

美容室にて

入り口のドアが開く音がした。カットする手を止めて全員がドアの方を振り返ると、そこには、上から下まで完璧に女装した店長が立っていた。

「店長、どうしたんですか……」

皆が唖然としているなか、女装した店長は無言で控え室へと入っていった。

スタイリストの一人が控え室を見に行くと、誰もいない。

——幻覚か？

皆そう思ったが、全員が見ている。

しばらくして、いつもの普段着の店長が帰ってきた。

「みんなどうしたの？　俺の顔に何か付いてる？」

その美容室のスタイリストたちは、店長にそういった趣味があるのかどうか、いまだに訊けずにいるという。

子殺し

　ケンジ君は幼いころ、友人と墓場でかくれんぼをしていた際に大怪我を負っている。卒塔婆（そとば）がいきなり破裂したように割れ、破片が喉に深々と刺さったのだ。

　それから二十年後——女手ひとつで自分を育ててくれた母親から「卒塔婆が立っていたお墓ね、お父さんの本家のものなの」と知らされた。

「それからまもなく会ったこともない父親の訃報が届いて、遺産相続で揉めました。だからあの怪我……愛人の子である僕を本家の〈ご先祖さま〉が葬ろうとしたのかもしれないな、って腑に落ちましたよ」

　いまも一年に一日だけ、喉の古傷がやけに痛む。

　父の命日ではないかと疑っているが、確かめる気はないそうだ。

赤い唐辛子

トシオさんは激辛のカレーが大好きだった。その日も、ネパール人がやっているいきつけのインドカレー屋で、最高に辛いレベル五のひよこ豆カレーを、バターのしたたるナンでたっぷりすくって食べていた。

舌の上で備長炭が燃えるような、強烈な刺激にトシオさんは目がくらみ、顔から汗が流れて止まらなくなる。ハンカチで汗をふきふき、豆のカレーを口に運んでは新たな火種を供給していた。激辛ファンにとって至福のひとときだ。

汗が目に入って、目頭から涙が溢れた。トシオさんは涙もハンカチでぬぐった。

真っ白いハンカチが、真っ赤な血に染まっていた。

驚いたトシオさんは、慌ててお手洗いに駆け込み、血で汚れたハンカチを洗うとふたたび目元をぬぐった。

どこからも血は出ていなかった。

「ダイジョブですカー?」

派手な紋様の帽子をかぶった、小柄な店主が、トシオさんを心配して声をかけてくる。

「タマにいるヨ、チがデタとオモうおキャクさん。ウチのカレーはそのクラいカラいヨ」

厨房を見ると、そう語る店主の笑顔が真っ赤な血にまみれていた。

再びトシオさんが目をぬぐうと、店主の顔もきれいになっていた。

そのとき、インドっぽさを演出するため壁に貼られていた、青い肌をして腕が何本もある女神のポスターが、ぺろりと剥がれて落ちた。

ポスターが剥がれた壁には、何語なのかわからない文字の書かれたお札がびっしりと貼り付けられていた。


あの店主はグルカ兵あがりだ、という噂を聞いたのは、トシオさんが店に行かなくなってしばらく経ってからのことだったが、トシオさんはそれが本当かどうか興味はなく、もうあの店の話は聞きたくなかった。

最近は甘口の欧風カレーばかり食べているそうだ。

おじねこ

倫子さんのもとに、独居の叔父が孤独死したとの知らせがあった。特殊清掃を頼むほどの金銭的余裕もなかったため、血縁の倫子さんたちが部屋を片付けねばならなかった。真冬ゆえ、遺体の傷みは軽微で、部屋の汚損も少なかったのが不幸中の幸いだったという。

その日の早朝に、倫子さんは弟二人を引き連れて叔父の家に向かった。アパートの一階、角部屋が叔父の住居だったが、合鍵でドアを開けるとゴミ屋敷一歩手前だった。腰の高さにまで段ボールが積まれており、床がほとんど見えない。

生前の叔父は段ボールの間のわずかな隙間で暮らしていたのだろう。

倫子さんと弟一号が段ボールを玄関の外に積んでいき、弟二号がそれをレンタルしたトラックに積み込んでいく。

段ボールが当初の半分ほどに減ってきた頃、倫子さんはどこからか猫の声がすることに気づいた。

野良猫か？　いや、外ではない。声は段ボールの密林の中から聞こえてくる。不定期に聞こえてくるか細い鳴き声が、猫の存在を主張していた。

この物件は確か、ペット禁止ではなかったか。独り者の叔父が、寂しさに耐えかねてこっそり猫を飼っていたのか。

倫子さんは弟二人を呼び、「部屋に猫がいるようだから保護しよう」と申し合わせた。賃貸マンション住まいの倫子さんは規約で動物を飼えないし、弟たちも同様の住環境だ。猫を捕まえたら、引き取り手も募集しなければと彼女は決意した。

段ボールの山も終わりが見えてきたのに、猫は捕まらなかった。

荷物を運び出す際、サッと小さな影が床に飛び降りたり、逆に飛び上がったりするのだが、いると予想したポイントを見るときには、猫は既にそこからいなくなっている。

少しすばしっこすぎるんじゃないかと思いながら、倫子さんらは最後の数個の段ボールに着手した。

ついに床が見渡せるようになったとき、部屋の中には猫の子一匹いなかった。

作業中に玄関から抜け出たのかもしれないと言うと、弟二号は否定した。猫が逃げるといけないと思って玄関を監視していたけれど、荷物の他には何も出てきていないという。念のため確認したが、バスルームにもトイレにも猫の姿はなかった。

全ての荷物を運び終えたとき、空っぽのワンルームの真ん中から「おわあああああん……」と悲しげな鳴き声が一つ響いて、それきり部屋は静かになった。

何がいるのか

須崎さんは一時期、総合病院の警備員だった。

これは、そこを辞める切っ掛けとなった女性の話である。

その女性は、何ヵ月かに一度訪れる厄介者であった。

心の病を抱えているのは明らかなのだが、頑なに診察は拒否する。

一日中待合室で歌を歌ったり、他の患者に絡んだりするため、来院すると同時に警備員が呼ばれるのが常であった。

着任して二ヵ月、須崎さんにもその機会が訪れた。適当に相手していれば帰るからと教えられ、恐る恐る声をかけた。

六十代らしいが、濃いめの化粧にピンク色の派手な服だ。女性はまじまじと須崎さんを見つめ、こう言った。

「あなた、随分苦労してきたのね。お父様は交通事故、お母様は胃癌で亡くなられた。それからたった一人で頑張ったのね」

驚くべきことに、女性は須崎さんの生い立ちから過去の苦い経験まで、次々に言い当てた。

須崎さん本人しか知らないことを当てながら、女性は彼の頬を優しく撫でた。
須崎さんは思わず涙してしまったという。やがて、女性はこう言った。
「それもこれも貴方の後ろに……」
突然、女性は口を開けたまま黙り込んだ。
何か話そうとしているのだが、声が出せないようだ。
苦し気に喉を掻きむしり、女性はその場に倒れ込んでしまった。
診察室に運び込まれた女性は、二度と目覚めることなくこの世を去った。
須崎さんには関係無いことだが、どうにも居づらくなって辞めたのだという。
自分の後ろに何がいるかは未だに分かっていない。

線香

知子さんの上司は四十代の女性。あるとき上司が出張で留守のとき職場を訪ねてきた客がいた。五十歳くらいの男性で、上司の古い知人らしい。たまたま近くに用事があって立ち寄ってみたとのことで、不在をとても残念がっていたという。

上司から電話があったとき客のことを伝えると、そんな人に心当たりはないと言って気味悪がっている。名前は名乗ったはずだけれどその場にいた誰も覚えておらず、メモも取っていなかった。

後日出張から帰ってきた上司の話では、帰りの新幹線のホームでまったく知らない中年男性に話しかけられ「会社を訪ねたら留守だったんですよ」と言われたらしい。

ぎょっとして固まっていたら男性はいなくなり、周囲には線香の匂いがかすかに漂っていた。そこは職場から五百キロも離れた駅だったし、何時の列車に乗るか、上司は職場や家族も含めて誰にも伝えていなかったそうだ。

シガイの森

滋賀県の近江八幡(おうみはちまん)市にシガイの森と呼ばれる禁足地がある。

本当の名称は、新開(シンカイ)の森で、かつて刑場だった。

安土宗論(あづちしゅうろん)と呼ばれる天正七年（一五八〇年）に起こった浄土宗と法華宗の宗論。その騒ぎを引き起こした、建部紹智(たけべしょうち)と大脇傳助(おおわきでんすけ)の両名が処刑され、晒(さら)し首になった場所がこの森だそうだ。他にも織田信長の意に沿わない者や、城下で不埒(ふらち)な騒ぎを起こしたり、信長に関する不穏な噂を流した者たちの多くが、この森で処刑されたという。

中には、縛り付けられた罪人を、たとえば錆びた鋸(のこぎり)で少しずつ首を切っていくという、残虐極まりない鋸挽きと呼ばれる処刑方法をこの森で行ったという話も伝わっているそうだ。

田んぼの真ん中のこんもりと盛り上がって見える森にある木や竹を切ったり、雑草一本、小石一つでも持ち帰ると呪いや禍いが降りかかると言われ、森の奥から血まみれの首が睨(にら)む。足を踏み入れると、体中に発疹が現れたり、風が無いのに森の木がざわざわと揺れ、痛い、痛いという声を聞くことがあるそうだ。

シガイの森の横を雨の日に通ると、血のにおいを感じますよ……と、この森のことを教えてくれた滋賀県に住む田口さんが青ざめた顔で教えてくれた。

カラオケボックス

妙子さんが友人と二人で、神奈川県Y市のカラオケボックスへ行った時の話である。

案内されたのは五階の奥から二番目の部屋だった。二人で交互にカラオケを楽しんでいると、隣の部屋から「ドンドンドン！」と、壁を叩く音が聞こえる。一番奥の部屋からだ。

その音は、曲が終わるとピタリと消えた。二人は少し奇妙に思ったが、気にせず次の曲を歌い始めた。するとまた、ドンドンと壁を叩く音がする。

妙子さんは気になって廊下に出ると、奥の部屋を見に行った。

そこは、薄暗い空き部屋だった。

「隣の部屋、誰もいないよ……」

さっきの音は、もしかしたら気のせいかも知れない。妙子さんは、気を取り直すようにそう言うと、次の曲を入れようとした。すると唐突にスピーカーから、

「うううううううううううううう」

という低い女の声が鳴り響いた。

二人は、逃げるようにカラオケ店を後にしたという。

指の感覚

五年前、駅前の交差点でヒロさんは追突事故を起こした。ビッグスクーターでタクシーの後ろに突っ込んだのである。幸いにして、双方に怪我はなかったそうだ。

だが、その日以来、肛門に棒を突っ込まれているような不快な感覚が続いた。

痔になったのだろうかと肛門科で診てもらったが、異常はないといわれる。このような錯覚症状はネットにも情報がない。友達に相談しても冗談半分に聞かれてしまい、深刻さがまるで伝わらない。痛みも排泄障害もないが、相当なストレスにはなっていた。

その日、昼食後に午睡を貪っていたヒロさんは、突然肛門に異変を感じて飛び起きた。肛門のなかの《視えない指》が、まるで《中》を掻きまわすように、ぐりんぐりんと激しく動きだしたのである。それは明らかに人の指の感覚と動きであった。

「あああああっ、いいかげんにしろよっ」

怒りに声を荒らげると、すぽっと肛門から抜ける感覚があった。

同時に、尻のあたりがじわりと温かくなる。

その温みは赤黒い血染みとともに、ズボンに広がっていった。

親友が見る夢

山川さんには、古い付き合いの親友がいる。

金融関係の仕事を精力的にこなし、趣味は登山というアクティブな生活を送っており、普段の生活においては、何か精神を病んでいるようには思えない。

それなのに、夢の話をする時だけは、様子がすっかりおかしくなるのだ。


長くて底の見えない階段を、妻と二人で下りている。

急な階段は底が見えず、どこまでも続く暗闇が広がっている。

怖いのでゆっくりと下りたいのだが、一歩前にいる妻が数歩進む度に振り返っては、

「さっさと歩きなさいよ、本当にどんくさい男ね」と悪態をついてくる。

先の見えない階段と、妻のしつこい悪態に、苛立ちと焦りが募って脂汗（あぶらあせ）が額を伝う。

やがて妻のことが耐え難くなり、前を行く背中を、思わずドンッと押してしまう。

妻は悲鳴を上げながら、急傾斜の階段を転がるように落ちていく。

自分のしたことに驚いて両手を呆然（ぼうぜん）と眺めていると、階段の遙（はる）か下、暗闇の奥から、「どんくさいなぁ……早く来なさいよぉ……」という、妻の声が聞こえてくる。

怖くて耳を塞ぐのだが、声は次第に大きくなり、やがて自分の悲鳴で目が覚める――。

親友はまるで初めて語るように、同じ夢の話を、何度も何度も聞かせてくる。

最後には決まって、「こんな夢を繰り返し見ていると、いつか妻のことを本当に殺してしまいそうで、凄く怖いんだ……」と声を震わせながら涙ぐむ。

その度に山川さんは、「奥さんはもう、亡くなってるだろ」と優しく声をかける。

すると親友は、「ああ、そうか……」と呟き、しばらくボンヤリと動かなくなる。

彼の妻は、二年前、マンションの階段から落ちて事故死している。

そして山川さんは、親友の呆けた横顔を見ながら、いつもこう思う。

――こいつ、殺ってるな、と。

持論

そりゃ、長く不動産業をやっていれば変な物件のひとつやふたつはあるよ。ま、オレは信じてないけどね。そんなの勘違いや錯覚に決まってるじゃん。なんかあると思っちゃうから、なんでも怖く見えたり聞こえたりするんだってば。

たとえばウチが管理するアパートでね、どうにも人が居着かない部屋があったの。学生だろうがサラリーマンだろうが、入居から半年以内に引っ越しちゃう。どんなに長くても一年は保たないんだよ。しかも全員、示しあわせたように理由が一緒でさ。

「おじいさんが毎晩出てきて〝この部屋で首を吊った〟と訴えてくるんです」

そんなワケないっての。だってさ、爺さんガス自殺なんだから。

報

木村君の実家の欄間には祖先の遺影がずらりと並べてある。
誰かの命日が近づくと決まって大ぶりの蝿が季節を問わずに留まる。
蝿が来なかった年は家人の誰かが亡くなるか不具（ふぐ）になるという。

帽子を拾う女

ヤスヒロさんが、近くの土手で早朝のジョギングをしていると、小さな白い犬を散歩させている女が、向こうから歩いてきた。白い大きな帽子をかぶっていて、顔は見えなかった。犬にも花柄の帽子をかぶらせていた。

目の前で突然、犬の帽子がぽろりと落ちた。

犬には首がなかった。帽子は首ごと落ちていた。

女はすぐに首を拾うと、犬の身体にくっつけて、何事もなかったように歩いていった。

見なかったことにしよう、とヤスヒロさんは思った。

すれ違いざまに視界の隅で、女の帽子がふわりと落ちるのが見えた。

帽子を拾う女に、首があったかどうか、振り返って見る勇気はなかったそうだ。

早朝のジョギングを、ヤスヒロさんはその日でやめた。

蚊

煩（うるさ）くぷぅ〜〜〜んと、周りを飛んでいた蚊をプチっと潰した。

潰した蚊は血を吸っていたようで、赤い血と黒いひしゃげた体が掌（てのひら）にくっついていた。

気持ち悪いので、ティッシュで拭おうとしたが、中身が入っておらず空き箱だったので、洗面台に向かい手を洗った。

ジャーっと水を流して手を洗っていると、ふっと耳元に吐息がかかり間近に人の気配がした。振り返っても誰もおらず、変だなと思いながら蛇口を締めて水を止めた。

タオルで手を拭っていると、また耳元に吐息を感じ、今度はこんな言葉が聞こえてきた。

「さっき潰した蚊、去年死んだ○○○○さんやったから」

へ？　またしても振り返っても誰もおらず、○○○○さんの名前も記憶になく変だなあという気持ちだけが残った。

ふと、気になって○○○○さんの名前をグーグルに入れて調べてみた。すると、それは自分が過去にファンだった、芸能人の本名で去年亡くなっていることが分かった。

飛ばされたシャツ

江嶋さんの自宅裏は急斜面になっている。

一度洗濯物のTシャツが強風で飛ばされて、斜面の途中の木の枝に引っかかってしまった。江嶋さんの夫が「取って来るよ」と言い置いて玄関を出た。庭に回って柵を越え、足場を確かめながら下っていく。江嶋さんはベランダからそれを見て、携帯電話で「もっと左のほう」「もうちょっと先」と指示を出す。

やがて洗濯物のすぐ下に着いたが、高すぎて、持っていったホウキでは届かないらしい。登ってみる、という夫に「危ないからやめて」と江嶋さんは止めたが、大丈夫大丈夫、と言って電話は切れた。

ここからは木の陰で夫の姿は死角に入っている。心配して見ていると、やがてひょいと手がのびてTシャツを枝から掴み取るのがわかった。

ところが、帰ってきた夫はTシャツを持っていなかった。

「洗濯物はどうしたの？」

そう訊ねた江嶋さんに、

「危ないからやめろって言ったくせに」と夫は口をとがらせる。

結局ちょうどいい足場がなくて木には登れず、あきらめて帰ってきたというのだ。だがベランダから確かめるとやはり木の上のTシャツは消えている。

「あの手は誰だったの」

「見間違いだろう」

「じゃあTシャツは」

「風でまた飛ばされたのでは」

そう二人が言い合っていたら足元でばさっと音がした。

見ると、飛ばされたはずのTシャツがベランダの床にきちんと畳まれて置かれている。

だが驚くより先に思わず鼻をつまんでしまうほど、強烈な〈牧場のような臭い〉を放っていそうだ。

江嶋さんのお気に入りのTシャツだったが、即座にゴミ袋に詰めて口をしばると、そのまま回収日までベランダに放置したとのことである。

コールタール

寧子（ねいこ）さんは二年にわたる不毛な結婚生活を終えたばかりで、調停の末にようやく夫と離婚が成立し、そりの合わない姑とも他人に戻って、これからは自由だと解放感に満たされていた。気持ちの切り替えが早い彼女は過去を振り返ることなく、新たに始めた仕事と一人暮らしが楽しくて仕方なかった。

その日の朝、寧子さんが起床すると、洗面台の前にどろりと黒い水溜りができていた。天井を確認しても、雨漏りなどの痕跡はない。雑巾を用意して掃除しなければと彼女が目線を切った直後、水溜まりは忽然と消えていた。

それ以来、黒い水溜りが自宅のあちこちに現れるようになった。料理していると冷蔵庫の前に、家を出る前には玄関の三和土に、入浴後は脱衣所のバスマットの横に、コールタールのような水溜りが、彼女の後を追うように出現しては瞬く間に消え失せる。

目の異常を疑った彼女は眼科医を訪ねたが、検査結果に問題は認められず、ストレスが原因で起きる幻視ではないかとメンタルクリニックへの受診を勧められる始末だった。

離婚のストレスが原因ならば、心が癒えるにつれておかしな物も見なくなるはずだ。それなのに、黒い水溜りは依然として毎日彼女の前に現れ続けた。

出たところで瞬く間に消えるため実害はないのだが、粘り気のある黒い水溜りに気づくたびに、毎回嫌な動悸がした。

幻視が始まってから一か月後、寧子さんの携帯に元姑から電話がかかってきた。

元夫が死んだのだという。元夫の死因も教えずに、姑はただ彼女を責めた。

「あの子、連絡がつかないと思ってたら死んでいたの！　一か月もたった一人でよ。見つかったときには傷んでしまって、顔なんか、もうどろどろで真っ黒になっていて。貴女とさえ結婚しなかったら、あの子、こんなことにはならなかったのに！」

きいきいと怒鳴る姑の声に堪えかねて電話を耳から遠ざけたとき、彼女の足元から一メートルほど離れた床に、見慣れた黒い水溜りが現れた。

コールタールに似た液体は、いつもと違って上方へ逆巻いて流れていく。みるみるうちに薄く延べた黒い人型となったそれは、〈ねーねー〉とそっと呟いた。

それは、元夫が寧子さんに甘えるときだけの特別な呼び方だった。

そういえば、黒い水溜りを見始めた日が、元夫の命日だったのか。

彼女がそう気づくと、黒い人型は液体に戻り、どっとフローリングの床に崩れ落ちた。

それから寧子さんが水溜まりを見ることはなくなったが、家の床には人型をした黒い滲みが残っているという。

病院の夜勤

ナースコールが鳴ったのは、深夜一時を過ぎた頃だった。

「村田さん、三〇二号室の患者さんが呼んでるから見に行ける？」

書類を片付けていた矢野さんは、更衣室にいた後輩の看護師に声を掛けた。

——返事がない。

更衣室の垂れ下がった白いカーテンには、奥にいる後輩のシルエットが映っている。カーテンの下には三十センチほどの隙間があり、靴を履いた両足が見えた。携帯電話でも見ているのだろうか。

「村田さん、聞いてる？」

カーテンを開けると、そこには誰もいなかった。

「またか……」

矢野さんは、少しうんざりした。

ヤとの友情

浩一さんの住む横浜のアパートは、住人の質が悪く、よくトラブルが起きていた。

彼も一度だけ、トラブルに巻き込まれたことがある。

夜中に帰って、アパートの外階段を上がっていると、隣の住人が部屋を飛び出し、「こんな時間にうるせぇぞ」と文句を言われたのである。

明らかに堅気ではない風貌であったが、一時間ほど玄関前で話し合った後、なぜか二人で近所のラーメン屋で飲むことになり、以来、互いの部屋で飲むような関係になった。

隣の男はやはり暴力団事務所に出入りをしており、話を聞くに下っ端であった。よく、兄貴分という人に殴られていたようだ。

ある晩、帰宅すると彼が自分の部屋のドア前に立っていた。ドアの方を向いているので、「こんばんは」と声をかけるが、返事がない。

よく見ると、彼の頭が変な形にへこんでいる。

「それ、どうしたんですか」と訊こうとすると、すぅっと消えてしまった。

それ以来、隣人の姿は見ることがなかった。

きっと兄貴分に殴られすぎたんだな、と思った。

今に至る

神奈川県A郡のビジターセンター付近に、小さな川がある。四人でツーリングに来ていた梅野さんという当時大学生の男性が、その付近で奇妙な飛行物を目撃していた。

川縁で友人らと談笑していると、五、六メートル先の叢林(そうりん)の上を風船のようなものがぷかぷかと浮いている。それにはコケシのような顔が描かれていた。

梅野さんしか気づいておらず、友人らに教えようとしたところ、急にむせて、激しく咳き込んだ。

「おい、おまえ、鼻血が出てんぞ」

友人に言われ、鼻の下を触るとべっとりと手につき、胸元も血で汚れている。

どうやら、鼻血が気管に入ってむせたらしく、処置をしている間に先ほどの風船のようなものは消えていた。

帰宅すると、服に付いた血のことを姉に聞かれたので、一から話しだした。

「そうしたらさ、向こうに風船みたいなのが――」

ボタタタタ！

足元の床に血が弾け散った。

またもや鼻血であった。

「――つまり、その風船の話をしようしたら、鼻血で妨害が入るわけ。でもまだ二回だから、偶然っていわれたらそれまでじゃん？　だからさ、二度あることは三度あるかもって、こうしてお前に話してみたんだけど、やっぱりなんにも起こんねぇな」

そう残念そうに話していた梅野さんと、急に連絡が取れなくなってしまった。

――という話をうかがった。

ピロー・ルーレット

藤間さんの病院では、三人、亡くなった人が使った枕は四人目には使用せず破棄することにしている。それは四人目が、かなりの確率で容態が急変し亡くなることが多かったことから、先代の医院長が下した取り決めだった。

が、このご時世。経費節減のため、息子の現医院長は枕の交換を禁じた。

「なんか、嫌味を云われたり、嫌いな患者さんに〈四番目〉を回す風潮が生まれちゃって。困っちゃうの。真っ正面からは叱れないし」

で、実際に亡くなるんですか？　と訊くと。

「だいたいね」

と、彼女は頷いた。

明日天気にしておくれ

「私が家でお祈りしたら、明日は絶対に晴れるよ！」と、仲良しの真琴ちゃんが言うので、翌日の運動会を楽しみにしていた僕は、「だったらお祈りして」と頼んでみた。

真琴ちゃんのお父さんは、何年も前に亡くなった。自殺した、と言う人もいる。

そして、お母さんはずっと働いている。だから家の中は、いつも真っ暗だ。

真琴ちゃんの部屋に行くと、天井から、紐に吊るされた白い物がぶら下がっていた。

「特別なてるてる坊主だよ！」と真琴ちゃんは自慢げに言ったけど、やたらと大きいし、煙みたいにモヤモヤしていて、とてもじゃないけれど、てるてる坊主には見えない。

あーした天気にしておくれ、あーした天気にしておくれ……と、真琴ちゃんは、その大きなてるてる坊主に向かって、手を合わせながら、何度も繰り返しお祈りをする。

僕はなぜか急に怖くなってしまい、その場から逃げ出してしまった。翌日の運動会は晴れたけど、真琴ちゃんは逃げた僕を馬鹿にして、二度と仲良くしてくれなかった。

大人になった真琴ちゃんは綺麗になって、いろんな男性と付き合った。

でもなぜか、相手がよく自殺してしまう。首を吊る。それも、真琴ちゃんの家で。

博多で知り合った俊哉さんが、こんな話を聞かせてくれた。

予金

ユキエさんの祖母は生前、孫である彼女の名義で銀行口座を開設していた。もっとも残高はわずか二〇三〇円。その額を知ったときには拍子抜けしたものの、「かわいい孫のために苦労して貯めたのかな」と思いなおし、祖母に感謝した。

いまは違う。怖い。

おととし、ユキエさんの兄は急死している。兄のために祖母が作った通帳の残高は二〇一九円だった。また、兄の遺品を整理していたおり、父名義の通帳も発見した。やはり祖母が開いたもので一九九九円が残されている。その金額を眺めながら、父が癌で死んだのはちょうど二十年前――一九九九年だと気づく。

さらに預ければ助かるのか、それともすでに手遅れなのか――いまも悩んでいる。

分割

去年の春、和服コーデがブームだったんで「自分も挑戦しよう」とフリマアプリで手頃な値段の着物を買ったんです。コスプレの衣装も作ってるし、裁縫の腕には自信あったんで、カスタムしようと思って。だけど、ああいう古着って駄目ですね。

着物が届いた夜から、部屋に女の人が出るようになっちゃって。

それでも、可愛い人だったらオバケでも仲良くなれたんでしょうけど――さすがに黒ずんだ顔で「ごろざれだ、ごろざれだぁ」って連呼されるのは、ちょっとね。

あ、着物はもうありません。すぐに裁断してから何枚もの布マスクに仕立て直して、フリマアプリに出品したので。ええ、大人気ですぐに完売しましたよ。言ったでしょ、裁縫の腕には自信があるんですよ、わたし。

でも――ああいうふうに分割した場合って、それぞれの家に出るんですかね。

そこだけ、ちょっと興味ありますよね。

先客

おととし定年退職したシゲルさんは、早起きして、開店したばかりのスーパー銭湯へ一番乗りで入るのが楽しみだった。

その日も一番乗りで、脱衣所で裸になり、誰もいない浴室へ入っていく。

独り占めの空間で、かけ湯をして身体を洗い、まだ暖まりきっていない、小さなサウナの扉を開けた。

頭からすっぽりと黒いタオルをかぶった男たちで満員になっていた。

今日は朝から混んでるな、と思って扉を閉めた。

待てよ、おかしいな、と思ってふたたび扉を開けると、誰もいなかった。

そういえば今日はあいつとあいつの命日だったな、と若いころ事故で亡くなった古い友人たちのことを思い出した。

彼らがサウナ好きだったわけではないのに、なぜそんなきっかけで思い出したのか、シゲルさんにもわからなかった。

ただ、その日のサウナは、ことのほか熱く感じたそうだ。

部屋着

茜さんは学生時代に飛び込み自殺をしようとして、振られた男の自宅の最寄駅を訪れた。

その駅を選んだのは男へのあてつけのつもりだったが、見れば向かいのホームに当の男が見覚えのあるボーダー柄のルームウェア姿で立っている。

男は茜さんに気づいておらず、虚ろな目つきだった。身だしなみに神経質な男がルームウェアで出歩いているのもおかしい。

やがて列車がホームに入線してくる直前に男は線路に飛び込んだ。

周囲には大勢の客がいたが、なぜかみな平然として無反応だったという。列車が走り出した後、おそるおそる覗き込むと線路には何の痕跡も見あたらなかった。

すっかり気を削がれた茜さんは自分が飛び込む予定だった電車に乗り込んで、そのまま自宅アパートに帰っていった。

その晩、共通の知人からの連絡で男が急死したことを知らされた。茜さんがホームに立っていたちょうどその時間、自宅で心臓発作を起こしたらしい。

写真嫌い

由良さんが大学で知り合った女性は、写真が嫌いなのだと言った。

とはいえ写真を撮るのは平気だし、自分が被写体になるのも構わない。彼女が厭うのは、死者の写真を見ることだという。

「死体の写真ということじゃなくて、撮影時には生きていても、既に死んでいる人の写真がダメなんだとか。彼女、死んだ人の写真を見ると臭くて気持ち悪くなるんだそうんです」

そんな彼女の教科書は、故人の写真が全て墨で塗り潰されていた。

彼女の特異体質に興味を持った由良さんは、本当なのかどうか実験したいと思った。

「大学に高校の卒業アルバムを持ってきて、彼女に私のクラスの写真を見せてみようと」

最初は渋っていた彼女も、一週間学食ランチを奢るからと頼み込むと実験を了承した。

実験当日の昼休み、由良さんのいたクラスの集合写真を見てもらうと、彼女は眉をしかめつつも一番右隅に立つ一人の男子生徒を指さした。

浪人と失恋が重なったことを苦に、卒業式後に自殺した男子だった。

「その子、私のクラスで唯一早逝した子でした。私、事前に出身校とか教えてませんでしたから、うわーすごい、彼女の言うことは本当なんだってそのときは感動したんですよね」

続いて彼女は、由良さんと割と仲の良かった女生徒Sさんをまっすぐに指さした。

直後、彼女は〈うっ〉とえずいて椅子から立ち上がり、女子トイレへ走っていった。

由良さんが後を追うと、彼女は便器にげえげえと吐き戻している最中だった。

吐き終えた彼女は口をハンカチで拭うと、うんざりした様子でこう言った。

「この人すごく臭う。死んだ、死んでる。ああ、気持ち悪い」

友人の写真を気持ち悪いとコメントされ、由良さんはむっとした。

「ブッブー、外れ！　昨日電話で話したばかりだから、この人は元気です。この嘘つき！」

由良さんの抗議を意にも介さず、実験はもう懲り懲りだと彼女は学校を早退してしまった。

「私も試しに嗅いでみたけど、アルバムからは紙とインクの匂いがするだけでした。彼女は嘘つきで、最初に死んだ子を当てたのも偶然だろうって思ったんです」

しかし、由良さんの予想は覆された。

その日の夕刻、元同級生Sさんの親から由良さんに連絡があり、〈娘が亡くなった〉と伝えられた。交通事故で病院に運ばれたSさんが落命したのはまさにその日の昼休み、彼女が大学でアルバムを指さした頃のことだった。

肉吸い

南方熊楠（みなかたくまぐす）の随筆『南方随筆』の中で、郵便脚夫が肉吸いという妖怪に遭った話が書かれている。肉吸いはその名の通り、暗闇の中で歯を立ててちゅうちゅうと肉を吸い取る化け物だそうだ。立花さんは子供のころ、猫が肉吸いに襲われたところを見たことがあるという。

ペットを飼うことを禁じられていた立花さんは、こっそり隠れて野良猫に餌をやっていた。

ある日の放課後、いつものように野良に餌を持っていくと、猫の首の周りに黒いべったりとした餅のようなものが引っ付いていた。

何だろうと手を伸ばして、触れると指先に強い痛みが走り思わず手を引っ込めた。

指先を見ると丸い形の傷がついていて、血が滲んでいた。

猫はいつもと変わらず、特に痛がってもいなかった。何かよく分からなかったけれど、ともかく黒い餅を引きはがしたかったので、手近にあった枝を拾って突いてみた。

しかし、手ごたえはなく、黒い餅のようなものに少し窪みがついただけだった。

これ以上触れて、手に怪我を増やすのは嫌だなと思った立花さんは、ひとまず餌をその場に置いて立ち去った。

翌日、餌を持っていつも猫がいた場所に行ってみると、その場所にあったのは干からびた、目玉もなく毛皮だけになっていた猫の姿だった。

毛皮の模様からして、いつも餌をやっていた猫に間違いはない。驚いた立花さんは、あの黒い餅のせいではないかと思い探し回ったが、黒い餅の痕跡は何もなかった。

立花さんは、いくら考えても猫がどうしてこんな姿になったのか、皆目分からなかったので、猫の死体を木の枝に巻き付けて学校の先生に見せるために持って行った。

すると先生はこれは「肉吸い」にやられたなと言って、学校内にある焼却炉で猫の死体を燃やしてしまったそうだ。

電柱の下

数少ない私の体験談である。十五年ほど前のこと。東京都品川区に住んでいた私は、深夜にレンタルＤＶＤを返却するため、自転車に乗っていた。住宅街の夜道を走っていると、前方の電柱の下に黒い影が見える。

それは、両足を地面に放り出して電柱に寄り掛かるスーツ姿の男性だった。

泥酔してる人だと思ったが、その日は平日。金曜の夜ならともかく、少々珍しい気がして、通り過ぎた直後、気になった私は振り返って電柱を見た。しかし、そこには誰もいない。見間違いだと思った。

その三日後、友人らと渋谷の居酒屋で会食をする機会があった。初対面の人も何人かいたが、その中に霊感があるという男性がいた。興味を持った私は彼に言葉を掛けた。

「実は、数日前に幽霊らしきものを見たんですよ」

日頃から怪談を集めているのですが、そんなことばかりやってるから見間違えただけだと思うんですけどね――と、私が言葉を続ける前に彼が言った。

「それ、電柱の下でしょ」

お祓いのプロ

どんな幽霊でも祓える。

そんな触れ込みで、恭造さんという四十代の男性を紹介された。

ところが本人は、その話になると実に嫌そうな顔をする。

神主でもあるまいし、お祓いなんてやるわけがないでしょ。

ただ、俺が声をかけると、あいつら、なぜか勝手について来るんだよ。

どんなにおっかない見た目でも、不思議と俺には何もしないから、幽霊で困ってる人に頼まれると、ついつい引き受けちゃうんだよねえ。

おかげで俺の家は満杯だよ。二階建ての一軒家に、いったい何人いるんだか。

こんなことがなぜできるのか、自分でもわからないよ。元々の体質じゃないの。

そう話すと恭造さんは無口になり、聞いてもあまり多くを語りたがらなかった。

ただ別れ際に、あんたに憑いているヤツ、ついでに連れて行ってやろうか？　だけど、結構珍しいヤツみたいだから、そのままでもいいと思うけどね、と笑顔で言われた。

だから今でも私には、わりと珍しい何かが憑いたままでいるかもしれない。

毛

慶三さんの祖父は地元の名士のような人で町内会長を長年務めていたが、人当たりがよくエネルギッシュな老人とはべつの裏の顔があった。具体的には野良猫を捕まえて敷地内でなぶり殺していたのである。

人前で大っぴらに殺したり、殺していることを公言こそしなかったものの、後始末がずさんなので家族はみんな祖父のおぞましい〈趣味〉を知っていたし、祖母や伯父が黙って証拠を片付ける役目だったらしい。

慶三さんは成人したのち、祖父が亡くなって何年も経ってから事実を知らされ、ひどくショックを受けたそうだ。

慶三さんにとっては冗談好きで気前よく何でも買ってくれる祖父だったけれど、思えば一度だけ違和感を覚える出来事があった。

一緒に家の裏の柿の実をもいで食べたとき、祖父は何度も口の中のものを地面に吐いては「これも食えねえ」と言ってべつの実を手に取っていた。そしてまた吐き出して別の実を手に取る。

慶三さんの食べる柿はどれも普通の甘い実だった。不思議に思って祖父の吐き出したものを見ると、黒や褐色、白などさまざまな色の毛のようなものが混じっていた。

今にしてみれば、あれは猫の毛だったのだと思う。

ランキング

四歳の娘が発表した「好きな人ランキング」は次の通りである。

一位　プリキュア　二位　ママ　三位　ママ

茉奈さんは「どうしてパパは入っていないの」と娘に尋ねた。「二位と三位って、そんなにママのことが大好きなのかな？」と笑いながら。

娘は首を横に振って、二位のママは茉奈さんだが、三位のママは違うママだよと答える。三位のママは、いつも家のどこかにいて、茉奈さんが忙しい時に遊んでくれるのだという。

茉奈さんの頭の中を一瞬、ホラー的な想像がよぎった。だが、よく聞いてみると、その三位のママの特徴には娘の好きなアニメヒロインの要素が幾つも入っている。きっと娘の考えた理想のママ像なのだろう――と、この時はそれで終わった。

ある時、九歳のほうの娘が、急に気になることを言い出した。

「さっき、家の中で知らない女の人の声がしたよ」

しかも、その声が聞こえると、本を読んでいた四歳の娘が顔を上げて、「はーい」と手をあげ、大爆笑しながら部屋を駆け出ていったという。九歳の娘は、家に幽霊がいるのではないかと怯えていた。

幽霊はさすがに信じがたいが、看過(かんか)することもできない話である。以降、注意深く四歳の娘のことを見ていると、確かに娘は時々、壁や廊下を見ながら、誰かと言葉を交わしているような行動をとっている。喋っていることも相手がいなければ成立しないような内容で、四歳の子がするままごと遊びにしては芸が細かすぎる。

ある日、四歳の娘に「第二回　好きな人ランキング」を発表してもらった。その結果、

一位　ママ　二位　ママ　三位　ママ

ぞっとした。新たなママが増えているのである。

しかも、茉奈さんは三位であった。

娘に何かがとり憑いているなんて信じたくはないが、もしまた娘の前に別のママが現れたら――自分はランキング外になるだけでは済まないかもしれない。

そんな不安が日々、増すばかりであるという。

姉の癖

小さい頃から政明さんは、姉の久美子さんの癖が気になっていた。

外出先で姉はよく、肩をガクン、ガクンと上下させることがあった。それはその場所に着いた瞬間から始まり、五分から十分ほどでピタリと止まる。毎度のことではないが、決して少なくはない。変な動きで気持ちが悪いので、なぜそのようなことをするのかと何度も訊ねたが、決まって姉は笑いながら「幽霊がいるから」とふざけて答えるのであった。

政明さんは高校卒業後、家業を継いだ。姉は北海道の家に嫁いだが、三十六の時に十四年連れそった夫をがんで失い、子供もなかったので実家に戻ってきた。

それから一年後に母が亡くなった。役所手続きなど、すべきことをすべて済ませ、やっと一息ついた日の晩だった。ぼうっとしながら缶ビールを飲んでいると、母の部屋に入っていく姉の姿が見えた。遺品でも整理しながら、母と過ごした日々を追懐するのだろう。

自分も付き合うかと、母の部屋の引き戸をすっと開けると、姉の背中が見えた。

その肩が、ガクン、ガクン、ガクン、ガクン、ガクン、ガクン、ガクン、ガクン、ガクン、ガクン、ガクン、ガクン、ガクン、ガクン、ガクン、ガクン

謎

どうしてそんなに泣いているのと云われるが、
わたしは泣いていないし、間違っているのは他人と鏡

目を剥く男

篤志さんが大学生の頃の話。

彼の家で幼馴染みの友人と酒を飲んでいる時、「最近、毎朝妙な男と会うんだ」と急に友人が話しはじめた。

ここ数日、学校へ向かう途中、見知らぬ男からジッと見つめられるのだという。


駅の階段で、毎朝、若い男とすれ違う。

友人がホームへ向かって階段を下りると、決まって下からその男が上がってくる。

男は友人のほうへ視線を向けながら階段を上るのだが、白目が剥き出しになるほど眼を大きく見開き、すれ違うまで延々と凝視してくる。

友人が言うには、男は目を剥いている以外は無表情で、怒っているのか、驚いているのか、何のつもりでこちらを見てくるのか、まったく読み取ることができない。

篤志さんが男の風体を訊くと、人相や背格好をよく覚えているようで、友人はやたらと詳しく男の容姿を説明をしてきた。

しかし、聞けば聞くほど、どう考えてもそれは、篤志さんが昔から知っている、友人の弟にしか思えない。

友人の弟は、去年雪山で遭難したきり、行方不明のままである。

それなのに友人は、見知らぬ男が毎日自分を凝視してくるんだと、まるでいなくなった弟の記憶がないかのように、熱心に語り続けている。

篤志さんは、そんな友人が次第に薄気味悪くなってきて、だから頭に浮かんできた言葉をぐっと飲み込むと、余計なことを言うのをやめた。

それでも胸の内では、こう思ったという。

なあ、弟と二人、雪山で遭難して、お前だけが無事に帰って来られたあの夜、本当は何があったんだ……と。

一芸

あ、そういえば小学校のとき、クラスに不思議な女の子がいたんですけど。眼力だけで風船を割るんです。誰かが「これ割ってみて」って風船を膨らませると、それを無言で睨むんですよ。すると一分ほどで、パン！　と風船が破裂するんです。まあ、成功するのは三回に一回くらいでしたから、同級生のなかには「インチキだ」なんて馬鹿にするヤツもいましたけどね。いや、自分はなんとなく信じてましたよ。本人にも「すごいね」って素直に言ってましたし。

だから——なのかなあ。一度だけ、その子の家へ放課後に呼ばれたんです。「お母さんが変な宗教にハマってる」なんて噂があったもんで、誘われたときは警戒しましたけど、ごく普通の家でしたよ。それで、二階の子供部屋でマンガ読んだり、その子のお兄ちゃんが持っていたゲーム機ネオジオで遊んだり。

で、ふと部屋の隅を見たらね、ハムスターのケージがあるんです。灰色や白いのが何匹もウロチョロしていて。ウチは社宅でペット禁止だったもんで、羨ましいなあと思いながら観察してたんです。そうしたら——。

ケージの側面にガムテープが貼ってあって。

そこに〈練習用〉って書いてるんです。

「風船はわりと上手くいくんだけど、お母さんが〝それじゃ力がつかないから〟って」

呆然とケージを見つめる自分の背後で、その子が静かに呟いて。

そのあとなにを話したかは、あまり憶えてないですね。慌ててオレンジジュースを飲み干して退散したと思います。結局翌日以降はほとんど話さなくなって、卒業後は疎遠になっちゃいましたけど。

「成人前に妙な事故で死んだ」って噂は聞いているんですが、あまり詳細を確認する気になれないんですよねえ。本当、不思議な子だったなあ。

再会

　吉田さんが東京出張の準備をしていると突然、幼なじみから連絡があった。相談があるという。いろいろ話すと今はマンション住まいで部屋もあるから泊まれよと云う。四泊の予定だったので、一泊ぐらいならと承諾した。仕事が終わり、案内されていたマンションに着くと〈少し遅れそうだからポストに入れた部屋の鍵を使って勝手に入れ〉と云われた。部屋は少し寒かった。独身だと思っていたが間違いだった。室内は幼い子どもの居る家のそれだった。電話をして奥さんに悪いじゃないかと云うと平気だと笑った。それでも居心地が悪いよと抗議すると奥さんが出て〈気にしないでください。いつもこうなんです〉と笑ってくれた。それでも愚図ると〈あと十分で戻る〉と云う。テレビを点け、冷蔵庫からジュースを出して呑む。しかし、三十分しても彼らは帰ってこなかった。やっぱりホテルに戻ろう。そう思って用意をしていると物音がした。廊下に出て様子をうかがうと、夫婦の寝室かららしい。ドアを開け、照明のスイッチを入れると足下に、倒れた妻子を残し、首を吊っている幼なじみの、どす黒い顔があった。

山のクベヌマさん

ミハルさんが、二歳の娘を叱っていたときの話である。

娘はやんちゃな子で、あまりにいたずらの度がすぎるので、「そんな悪い子は山に捨てちゃうよ」と嚇(おど)し文句を言った。

「いいよ、山にはクベヌマさんがいるもん」

しれっとした顔で娘が言った。

クベヌマさんという名前に心当たりはなかった。それに娘を山に連れていったこともなかった。

クベヌマさんって誰なの、おじさんなのおばさんなの、と問い詰めても、クベヌマさんはクベヌマさんだよ、大きいんだよ、と笑って答えるばかりだった。

その話をした次の年、娘は三歳で亡くなったのだという。

病気で亡くなったのか、それとも事故なのか、ミハルさんはどうしても話してくれなかった。

ぶちぶち

木津駅近くで拾ったタクシー運転手から聞いた話。

貞子みたいに長い黒髪の女性のお客さんを夜に拾ってね、若いから同志社大学の学生さんかなと思って、行先を聞いたら長尾の方まで……って。結構遠いなあと。

料金でいうたら五千円以上かかるでしょ。

まだ終電前やのに変やなと思いながらも、運転しながらちょっと話しかけてみたんやけどまったく返事せんの。俯いてたから車に酔ったんか、飲み過ぎて気持ち悪いんかなと思って、大丈夫ですかって聞いたんです。

そしたら、急に「やめて！」って声出して、お客さんが自分の髪の毛をぶちぶち抜きはじめて。

手で雑草でも毟(むし)るみたいに、ぶちぶちって指に束になった毛が絡んでました。

「お客さん、どうしたんですか？」って聞いたら「ほっといて！」って言われて、今度は抜いた髪の毛を食べ始めて。ぶちぶちぃ、むしゃむしゃって感じでずっと繰り返してんの。

流石にちょっと異常やなと思ったから、何度も途中で降ろそうかと思ったんやけどね、五千円越えやしと思って、我慢して目的地まで乗せたんです。

支払いは現金で、おつりも出ないようにぴったり出してくれてんけど、紙幣にも小銭にも髪の毛がくっついてたんは嫌やったなあ。

それ以来ね、この車を掃除するたびにどっさり髪の毛が見つかるんです。

コロコロとかも使ってシートも綺麗にしてるし、なんべんも掃除機かけてんのやけどね。

お客さんの足元とか今落ちてないですかね？

どんなに掃除しても、髪の毛が車の中から湧いてくるみたいに出てくるから、かなわんのです。

予兆

明日の朝起きたら天気予報を見て、晴れそうだったら花見へ行こう。そう夫と約束してから眠りについた睦海さんは、満開の桜の枝に老若男女が首を吊ってぶら下がっている夢を見た。ひどい気分で目覚めると、ほとんど同時に夫も青ざめた顔で目を覚ます。聞けば夫もまったく同じ夢を見ていたらしい。

よく晴れた一日になるという予報だったが、不吉な予兆に思えたので花見は中止することにした。代わりにレストランでちょっと豪華なランチを食べた二人が食後のコーヒーを飲んでいると、両親と店に入ってきた五歳くらいの双子の女の子がタタタと二人のそばに駆け寄ってきた。そして睦海さんと夫をそれぞれ指さし、

「くびつりのおばちゃんだー」

「くびつりのおじちゃんだー」

そう大声で騒ぎ立てたので、両親があわてて子供たちの手を掴むと睦海さんたちに平謝りしながら逃げるように店を出て行ってしまった。

他の客の視線にいたたまれなくなり、二人もすぐに店を出たという。

轢死

Y氏は若い頃、友人ら数名と静岡のKトンネルへ肝試しに行った。

大量の酒を買い込み、トンネルの中で憂さ晴らしのように酒盛りをしたそうだ。若気の至りと言えばそれまでだが、今にして思えばとても素行の悪い遊びだった。

帰りの山道を車で走っている時。

ヘッドライトが夜道を照らすその先に、一匹の白い猫が飛び出してきた。

「危ない！」と運転者が急ブレーキを踏んだが、ドスッという鈍い音とともに、柔らかい物体を轢過(れきか)する厭な感触が全身を貫いた。

慌てて外に出て周囲の様子を調べたが、どこにも猫の姿はない。辺りをくまなく探したが、それは忽然と消えてしまった。ただ、Y氏はあることが気になっていた。それは、その猫が自分の飼い猫に似ていたことだ。

家に帰ると、リビングの床に血だらけになった飼い猫が死んでいた。

小さな鳥居

おじいちゃんが変になったのよ。あんた働いてないいんだから、様子を見てきて。

そう叔母に頼まれた紗季さんは、一人暮らしをする祖父のアパートを訪ねた。

最低限の家具しかない、狭いワンルームの真ん中に、赤子程度の大きさをした、小型の鳥居が置いてあった。下が金属板で、持ち運びできるように作られている。

祖父に「これ、いったいどうしたの?」と訊いても、返事がまったく要領を得ない。

「ついに自分の番が来た」「こんなに小さいと、もうくぐれない」「最後に受け取るんじゃなかった」といった内容を、祖父はうわ言のように繰り返し呟く。

ただ、紗季さんが鳥居に触れようとすると、「やめろっ!」と強い口調で制止された。

仕方なく、紗季さんは鳥居には触らずに、部屋をサッと掃除して、その日は帰った。

様子を伝えると、叔母はますます心配して、定期的に掃除をしたり、身の回りの世話をしに行ってくれないかと頼んできた。手間賃に小遣いをくれるというので、失職中の紗季さんとしても有り難く、週に一回、祖父の家を訪ねるようになった。

祖父の呆(ほう)けた様子や、うわ言を呟き続けるのは相変わらずだが、紗季さんが毎回気になるのは、部屋に置かれた鳥居である。

訪れる度に、鳥居が、徐々に小さくなっているのだ。

最初こそ気のせいだと自分に言い聞かせていたが、手のひらに乗るほど小さくなっては、もはや疑いようもない。縮んでいるのではなく、小さな鳥居に交換しているだけかもしれないが、そうだとしても、奇妙なことには変わりない。

最後に訪れた時には、鳥居はもう親指の先ほどに小さくなっており、祖父はそれを握り締めながら、「もうだめだ、くぐれない」「あそこには行きたくない」「頼むから連れていかないでくれ」と、苦しそうに泣いていた。

さすがに心配になってしまい、心当たりがないか叔母に尋ねたものの、「あの人は昔のことは一切話さないんだよ……なんだろうねえ」と困惑するばかり。

それから数日後、隣室から出火してアパートは全焼、逃げ遅れた祖父は部屋の中で焼け死んでしまった。

火の勢いが強く全身が焼けただれ、遺体は一見して本人かわからない惨状だった。

紗季さんが叔母と遺体を確認した時、祖父の小指に、まるで指輪をするかのように、小さな鳥居が嵌まっていることに気づいた。

鳥居を嵌めた左手の小指だけは、なぜか焼けることなく綺麗なままだったという。

その光景が、今も頭を離れない。そう紗季さんは話してくれた。

汚れた窓

その暗渠は雑居ビルの隙間に緩やかなS字を描いている。然（しか）る年の震災の影響で水源の環境でも変わったか、同年から水の流れが著しく衰えていた。夏場は淀んだ水が泥臭くなり、市から委託された業者が不定期に清掃をしていた。

八年前のある日、暗渠沿いのビルの五階で働いていた米尾さんは、窓が一カ所だけひどく汚れていることに気づいた。それほど神経質でもないのだが、その時はいやに気になり、拭いておくかと窓に近づいた。ガラスは手の脂のようなもので白く汚れていた。ただ汚れているのではなく、指でこすりとったように《おねがいします》と書かれている。それが一つや二つではなく、ガラス面いっぱいに書き詰められているのだ。

こんな気味の悪いことをするのは誰なのか。硝子に映る同僚らを睨みながら窓を拭く。

どうも変だった。汚れはとれるのに、一向にきれいにならない。

理由はすぐに分かった。とれない汚れは、窓の外側についた汚れなのである。

おや、と、それに気づく。窓ガラスの右下に、なにかが書かれている。

《わかった》と読める文字は鏡文字、つまり反転した文字で、外側から書かれたものだ。

誰が何を《お願い》し、誰がそれを承知したのか。不吉な想像しかできなかったという。

為来り

張さんがある財閥関係者から聴いたという。その屋敷では毎年、同月同日の夕刻から入ってはならない部屋というものがある。北東に位置するその部屋には床の間に達磨の掛け軸が一幅のみ。他には将棋盤と一対の駒台、そして相対して座布団が置かれる。駒は家の主によって盤に並べられるが、黒柿で拵えた駒箱の中身はひとつ欠けている——玉（ぎょく）である。足りない玉は毎年、本榧（ほんかや）のものを別注で作らせる。並べ終えると家人は引き上げ、以後、翌朝までは部屋に近寄らない。不思議なことに翌朝、部屋に赴くと誰も行かない筈の将棋が投了している。主は作らせたばかりの玉を掴むと広大な庭の池に投げ捨てる。為来（しきた）りはそれまでで、将棋盤など全てがまた元通りにされる。

「何代も前の我が家の礎を築いた祖先が大切にしていた将棋の駒をある日、池から這い上がってきた蟇蛙（がまがえる）が呑んで池に逃げたそうです」

家長は憤激し、池の蛙を全て自らの手で裂き、腸（はらわた）を探ったが駒は出てこなかった。家長は無念の余り、病を発し、死んだ。以来、子孫はその無念を慰撫するためにしている。しなかった年には必ず災厄が襲うという。

わたしだよ

「預かってほしい」と誰かに何かを持たされ、困って次の預かり手を探しに行く。しかしそれを預かってくれる相手はなかなかおらず、あっちに行け、こっちに行けとたらい回しにされる。自分も心底いらないものなので困り果てた挙句、最終的にそれをどこかに隠してしまい、その場から逃げ去る。

今朝、そんな夢を見たのだと拓哉さんは妻に話した。

「気になる夢だろ？　なにをそんなに持て余していたのかな、オレは」

それを隣で聞いていた高齢の母が急に泣きだし、

「それはわたしのことだよ」

と寂しそうに言うと部屋を出て行った。妻の出した食事には、まったく手をつけていなかった。

息子夫婦にとって自分は「お荷物」——母はそう思い込んでいた。

三年前に脳梗塞を発症させて以来、元からあった僻み癖がさらに悪化したのである。実際は介助を要するような後遺症などもなく、母は一人でなんでもできるので、それは完全な被害妄想だった。

その夜遅く、悲鳴が上がった。妻が寝所の布団を出そうと押し入れを開けると、そこから母が転がり出てきたのだ。

母はなぜか化粧をしており、「ここがわたしの死に場所ですのよ」とめそめそ泣いた。

それを聞いて、息子は思い出したという。

夢の中で最後に「何か」を隠した場所は、自宅の押し入れだったのだ。

第一声

普通だったら「パパ」とか「ママ」とかですよねぇ、赤ちゃんが最初に話すのって。だけどウチの弟は違うんですよ。そもそも、そんな言葉は誰も教えてないんですよ。

その日は、父の愛車に乗って家族で買い物に出かけていたんです。そしたら国道で事故が遭ったらしく、対向車線でワンボックスカーが大破していたんです。

陥没したフロント部分を目にして、車内はなんとなく重い空気だったんですが――チャイルドシートに座っていた弟が、いきなり笑いながら手を叩いて、

「そくし」

夜のニュースで、弟の言葉が当たっていたことを知りました。もちろん弟は憶えていないんですが――私は、あの嬉しそうな声がいまだに忘れられなくて。ええ。

◉著者紹介

黒木あるじ（くろき・あるじ）
『怪談実話 震』で単著デビュー。「無惨百物語」シリーズ、『黒木魔奇録』『黒木魔奇録 狐憑き』『怪談実話傑作選 弔』『怪談実話傑作選 磔』『怪談実話 終』『怪談売買録 嗤い猿』など。共著に「怪談四十九夜」「瞬殺怪談」各シリーズなど。小説『葬儀屋 プロレス始末伝』など。

黒 史郎（くろ・しろう）
小説家として活動する傍ら、実話怪談も多く手掛ける。「実話蒐録集」シリーズ、「異界怪談」シリーズ『暗渠』『底無』『暗狩』『生闇』『黒塗怪談 笑う裂傷女』『黒怪談傑作選 闇の舌』ほか。共著に「FKB 饗宴」「怪談五色」「百物語」「瞬殺怪談」各シリーズなど。

我妻俊樹（あがつま・としき）
『実話怪談覚書 忌之刻』にて単著デビュー。「実話怪談覚書」「奇々耳草紙」各シリーズ、「忌印恐怖譚」シリーズ『くちけむり』『めくらまし』『みみざんげ』『くびはらい』など。共著に「てのひら怪談」「ふたり怪談」「怪談五色」「怪談四十九夜」「瞬殺怪談」各シリーズなど。

神 薫（じん・かおる）
静岡県在住の現役の眼科医。『怪談女医 閉鎖病棟奇譚』で単著デビュー。『怨念怪談 葬難』『骸拾い』など。共著に「怪談四十九夜」「瞬殺怪談」各シリーズ、『現代怪談 地獄めぐり 業火』など。女医風呂 物書き女医の日常 https://ameblo.jp/joyblog/

田辺青蛙（たなべ・せいあ）

『生き屏風』で日本ホラー小説大賞短編賞を受賞。『関西怪談』『魂追い』『皐月鬼』『あめだま 青蛙モノノケ語り』『人魚の石』など。共著に「てのひら怪談」「恐怖通信 鳥肌ゾーン」各シリーズ、『怪談四十九夜 鬼気』『京都怪談 神隠し』など。近著に『大阪怪談』。

つくね乱蔵（つくね・らんぞう）

『恐怖箱 厭怪』で単著デビュー。『つくね乱蔵実話怪談傑作選 厭ノ蔵』『恐怖箱 厭熟』『恐怖箱 厭還』など。共著に「怪談四十九夜」「瞬殺怪談」「怪談五色」「恐怖箱テーマアンソロジー」各シリーズなど。黒川進吾の名で共著『ショートショートの宝箱』など。

響 洋平（ひびき・ようへい）

クラブDJ・ターンテーブリスト・怪談蒐集家。音とアートと怪談を融合した気鋭の怪談ライブをプロデュースするほか、怪談系トークライブ、TV番組や映像作品への出演など。著書に「地下怪談」シリーズ『忌影』『慟哭』、共著に「地獄めぐり」シリーズなど。

鷲羽大介（わしゅう・だいすけ）

岩手県出身。非正規労働者として貧困に喘ぎながら、怪異の蒐集と分析に乏しいリソースを注ぎ込み続ける男。「せんだい文学塾」会長という顔を持つ。共著に『怪談四十九夜　断末魔』、「江戸怪談を読む」シリーズ『猫の怪』『皿屋敷 幽霊お菊と皿と井戸』など。

平山夢明（ひらやま・ゆめあき）

『「超」怖い話』「怖い話」「顳顬草紙」「鳥肌口碑」「瞬殺怪談」各シリーズなど。狂気系では「東京伝説」シリーズ、監修に「FKB饗宴」シリーズなど。ほか初期時代の『「超」怖い話』シリーズから平山執筆分をまとめた「平山夢明恐怖全集」（全六巻）や『怪談遺産』など。

瞬殺怪談 死地

2021年4月5日　初版第1刷発行

著者　黒木あるじ　黒 史郎　我妻俊樹
神 薫　田辺青蛙　つくね乱蔵
響 洋平　夜馬裕　鷲羽大介
平山夢明

企画・編集　中西如（Studio DARA）

発行人　後藤明信

発行所　株式会社 竹書房
〒102-0072 東京都千代田区飯田橋2-7-3
電話03（3264）1576（代表）
電話03（3234）6301（編集）
http://www.takeshobo.co.jp

印刷所　中央精版印刷株式会社

定価はカバーに表示しています。
落丁・乱丁本の場合は竹書房までお問い合わせください。

ISBN978-4-8019-2589-2 C0193